SOUVENIRS D'UN TOURISTE.

SOUVENIRS

D'UN

TOURISTE

PAR

Sosthène Hervieu.

> Quand on ne veut qu'arriver, on peut courir en chaise de poste; mais quand on veut voyager, il faut aller à pied.
> J.-J. Rousseau.

BAYEUX,
IMPRIMERIE DE LÉON NICOLLE, RUE SAINT-JEAN.
—
1841

Ceci n'est pas un prologue et encore moins une préface, parce que ce qui va suivre n'est point un *livre*, mais bien une modeste brochure. En mettant au net pour moi primitivement, ces fugitifs SOUVENIRS, je n'ai pas prétendu composer un ouvrage : le mot *opus* est, sous tous les rapports, bien au-dessus de ma portée, *non licet omnibus adire Corinthum.* — Cet *opuscule*, destiné seulement à quelques amis, satisfera tous mes désirs s'il peut, pendant trois ou quatre heures, *amuser* les uns, ou *intéresser* les autres; et, parmi ces derniers, je voudrais surtout compter ceux qui ont parcouru la grande chaîne des Alpes, avant et après moi. Quelques mots sur ce qui m'a insensiblement amené à faire imprimer cette brochure.

J'avais souvent causé avec M. de Bellegarde, fondateur de l'*Indicateur de Bayeux*, de mes excursions alpestres, et il connaissait une partie des notes volumineuses recueillies dans mes deux voyages helvétiques. Lorsque je devins actionnaire de ce journal, il me pressa plusieurs fois de lui abandonner quelques extraits de mes SOUVENIRS, prétendant que certains passages offriraient de l'intérêt au lecteur... Je soutins en vain que ma prose était capable de produire un *désabonnement* désastreux pour une entreprise naissante..., il fallut me rendre, et livrer successivement un, deux, trois... douze FEUILLETONS ! Quelques amis m'adressèrent des compliments plus ou moins sincères (et s'il se glisse parfois des *renards* parmi les amis, Dieu sait que les pauvres auteurs s'illusionnent volontiers à l'endroit de leur *ramage*). D'autres me dirent que l'*Indicateur* ne paraissant qu'une fois par semaine, l'intérêt se trouvait tellement suspendu, qu'il n'y avait plus de liaison, d'enchaînement possible pour le lecteur, ce qui faisait *grand tort* à mes œuvres; ajoutant, bien entendu, que c'était *vraiment* dommage ! Oh ! les vilains *renards !!!*...

Malgré Lafontaine, il y aura toujours des *corbeaux*. Me voilà donc mettant chaleureusement la main à la pâte, et décidé à transmettre à la postérité au moins deux gros volumes in-8°, que mes amis les plus dévoués n'auraient pu achever sans tomber en léthargie ! Mais fort heureusement j'ai reconnu à temps qu'il était impossible de livrer, même à ses connaissances, un journal sans lacune de deux voyages comprenant plus de huit mois, parce qu'on ne peut pas *tout* raconter, parce que décrire les sites de l'Oberland, par exemple, c'est parler d'une promenade facile et banale, faite avec plus ou moins d'intelligence par tous ceux qui franchissent le Jura; parce que reproduire ce que tout le monde connaît, c'est s'exposer à ennuyer et par suite à n'être pas lu, lorsqu'on ne sait pas, à l'instar d'Alex. Dumas, faire du neuf avec des vieilleries; parce que..., etc.

Bref, mon amour-propre littéraire m'a entraîné à faire seulement les frais d'un petit volume contenant avec peu de modifications (par péché de paresse), une collection de feuilletons qui restera ma propriété. L'*Indicateur* n'ayant pas encore déposé de cautionnement, j'ai été obligé de toucher légèrement tout ce qui peut avoir rapport à la politique. Quant à la partie historique, je me suis toujours efforcé de la traiter sérieusement et consciencieusement : le chapitre du Grand-Saint-Bernard pourra, sous ce point de vue, je l'espère, satisfaire les plus exigeants.

J'ai trop cherché peut-être à supprimer les longueurs, les choses insignifiantes ; il en résulte un grave défaut d'ensemble, tous les chapitres paraîtront décousus...; heureux encore si, à la faveur de ces coupures, j'ai pu faire accepter, sans ennui, des choses sérieuses et parfois instructives, au milieu des sujets les plus légers, et si, après avoir parcouru les Souvenirs d'un Touriste, quelque lecteur indulgent veut bien m'appliquer ces deux vers de notre bon Lafontaine :

.... Ce champ ne se peut tellement moissonner
Que les derniers venus n'y trouvent à glaner.

SOUVENIRS
D'UN TOURISTE.

⸻

Le Touriste fashionable. — Alex. Dumas à Chamouni. — Voyage autour du Mont-Blanc.

Dans un siècle aussi nomade que le nôtre, le nouveau mot touriste (1) me semble particulièrement applicable à ceux qui consacrent leurs loisirs à sillonner, dans toutes les directions, les parties pittoresques de notre vieille Europe, telles que la Suis-

(1.) Du mot anglais *tour*, qui signifie voyage.

se, la Savoie, le Piémont, le Tyrol, et la riche Italie, qui trouve à peine des rivales pour tout ce qui concerne les beaux-arts. Le titre plus grave de voyageur me paraît conservé, avec raison, pour ceux que le besoin de voir, d'apprendre... entraine par de-là les mers !... — Or, il y a bien des espèces de touristes, et c'est après en avoir rencontré de tous les genres, c'est après avoir parcouru nous-même la Suisse, la Savoie, le Piémont, et franchi plusieurs fois la chaine des hautes Alpes dans ses passages les plus difficiles, que nous croyons pouvoir diviser nos collègues en deux catégories bien distinctes.

Nous signalerons d'abord le touriste fashionable. En Suisse, vous reconnaîtrez de loin cet insipide bipède au costume suivant, assez bien choisi, au chapeau près, pour la promenade du vendredi aux Tuileries : bottes ou souliers-guêtres vernis, pantalon demi-juste, redingote de Humann boutonnée, pinçant la taille comme un corset, chapeau de paille avec des bords d'un pied pouvant servir d'ombrelle, gants jaunes, canne à pomme d'or, de vingt à vingt-cinq ans.—Voici le plus souvent son itinéraire : flanqué de deux malles et d'une caisse, dont chaque compartiment ne contient qu'un habit, pour qu'il soit moins chiffonné ; il entre en Suisse par Bâle, prend la poste qui le conduit à Schaffouse d'où une demi-heure de marche peut l'amener à Laufen, au pied de l'imposante chute du Rhin. Là, il se croit obligé de pousser deux ou trois *oh!* admiratifs commandés par l'immense réputation du tableau, puis s'apercevant que l'empois de sa chemise commence à mollir sous l'épais brouillard produit par la cataracte, il juge prudent de remonter en voiture pour gagner Zurich. De Zurich à Lucerne, même par la grand'route, il y a des sites vraiment remarquables, des vallées presqu'aussi riantes que celles de Montmorency ; aussi notre fashionable ne peut s'empêcher, de temps à autre, de faire arrêter sa calèche pour contempler, à l'aide de sa lorgnette d'opéra, les grandes scènes des Alpes !

Lucerne! pas trop mal... Le lac est assez bien ! Telle est en résumé l'opinion du dandy qui ménage ses forces, depuis LAUFEN, pour exécuter l'ascension du RIGI, dont il a les oreilles rebattues à chaque table d'hôte. Mais le lendemain matin il ne s'éveille qu'à huit heures ; le temps de faire sa toilette et de déjeûner, il en est au moins dix..., et malgré son chapeau-ombrelle, il a déjà reconnu que, de dix heures à trois heures, le soleil chauffe d'aplomb, en Suisse, au mois de juillet !

—Combien faut-il de temps pour *grimper* au RIGI par *le plus court?*

—Quatre bonnes heures, milord, répond un guide qui, à son bagage, le prend pour un pair d'Angleterre ; et à c't'heure-ci vous n'aurez pas froid, ben sûr! mais milord n'a sans doute pas peur de mouiller sa chemise?...

—Hein! Qu'est-ce que tu dis? Suer... Moi, suer pendant quatre heures!.. Ah! le rustre!... Partons pour Berne; et notre parisien fait atteler sa calèche en murmurant: Conçoit-on qu'un homme comme il faut puisse se dégrader au point de... suer!

Double sot, *lion pur sang* qui croira avoir visité la Suisse, après l'avoir traversée en voiture; qui voudrait conserver, au milieu des montagnes, un dandysme insupportable même sur le boulevard des Italiens!—Bref, après avoir roulé jusqu'à Genève, et de là à CHAMOUNI, sur la fin de sa course il met un peu moins de recherche à raser sa barbe avec une régularité minutieuse; il ôte quelquefois son chapeau-parasol pour brunir légèrement son teint et se donner un air *demi-sauvage;* puis à son débotté à Paris, après une accolade chaleureuse donnée à son Pylade : Dieu ! mon ami, quel pays que cette Helvétie ! J'ai cru voir d'un bout à l'autre une jolie décoration de Cicéri, avec des cascades et des effets de neige dans le lointain... C'est charmant, parole d'honneur ! — J'ai grimp au Montanvert... (promenade obligée de toutes les petites maîtresses qui visitent la vallée de Chamouni). C'est une rude course, va... Figure-toi une montée à pic et des sentiers de chamois pendant trois heures !... Ah ! par exemple, ce qu'il y a de vexant dans ce pays-là, c'est qu'ils ne savent seulement pas empeser une chemise !...

Dieu vous préserve des récits d'un pareil *incroyable* ! Dieu vous préserve surtout de son frottement, si vous cherchez un camarade de course ! Peut-être trouvera-t-on que j'en parle comme un chat échaudé qui raconte ses douleurs... Précisément. — Dominé par les liens d'une ancienne amitié de collége, j'y fus pincé, pendant plus de six semaines, lors de mon premier voyage en 1834 ; je jurai, mais trop tard, qu'on ne m'y reprendrait jamais, et je n'ai pu réparer le temps perdu qu'en en faisant un second en 1836. Avis donc à mes successeurs, touristes en herbe ou en espérance; à leur arrivée en Suisse, qu'ils n'oublient pas mon signalement ; sinon, gare le noviciat !

Dans la seconde catégorie et la seule, à vrai dire, nous classerons tous ceux qui explorent ces contrées pittoresques avec le marteau du mineur, du naturaliste ou du géologue. A leur tête, nous placerons hardiment M. de Saussure, le savant genevois qui, le premier entre tous et après plusieurs années de tentatives infructueuses, foula sous ses pieds, le 3 août 1787, l'orgueilleuse cime du roi des montagnes, dont il se fit un piédestal aux yeux de la postérité ! — Pour rendre à César ce qui appartient à César, n'oublions pas cependant que, l'année précédente, un modeste guide de Chamouni, Jacques Balmat, dit Mont-Blanc, avait atteint sans autre secours que son énergique volonté, le point culminant de l'Europe! M. de Saussure est plus qu'un touriste; l'importance de ses observations scientifiques dans les hautes Alpes, doit le placer au nombre des *voyageurs* les plus célèbres.

Nous appellerons touriste celui qui fait porter à son guide un petit herbier de botaniste, ou des instruments de physique propres à des expériences hygrométriques et à mesurer la hauteur des montagnes. Quelques-uns voyagent en poète *romancier* comme Alex. Dumas; d'autres, grâce à l'habileté de leur crayon, dérobent à la Suisse ses sites les plus remarquables pour en enrichir nos albums. D'autres, enfin, sans avoir la présomption de se croire savants ou artistes, en prenant ce mot dans sa haute acception, voyagent avec fruit, saisissant toujours l'occasion de se réunir à de plus capables, et cherchant à recueillir, pour leurs vieux jours, une riche moisson de *souvenirs* et *d'impressions*. En tête de leur album, vous trouverez souvent cette épigraphe que j'ai lue quelque part : C'est sur la cime des montagnes que l'homme se plaît à contempler la nature; c'est-là que, tête à tête avec elle, il en reçoit des inspirations toutes puissantes, qui élèvent l'ame au-dessus de la région des erreurs et des préjugés !

Vous pensez bien que cette seconde catégorie ne franchit pas le Jura pour promener sa garde-robe en voiture sur les grand'routes de la Suisse. Habituellement elle ne traverse les villes que par nécessité ; et vous la rencontrez à pied dans les gorges les plus sauvages des Grisons, du St-Gothard, du Grimsel, etc... gravissant à l'aide de l'indispensable bâton blanc de six pieds les sommités où les neiges ne fondent jamais. Excepté dans les villes principales, vous lui verrez rarement un autre costume que la blouse; parce que, dans les montagnes, il faut être montagnard et avoir les mouvements parfaitement libres, si l'on veut résister à des marches forcées quelquefois de douze heures. Du reste que nos *lions* ne se scandalisent pas trop; s'ils avaient visité autre chose que Berne, Lausanne et Genève, ils auraient vu qu'il y a manière de tout faire et de tout porter; la blouse n'exclut pas les gants jaunes; et en Suisse, où *tout le monde* mange à table d'hôte, les femmes admettent la blouse à leurs côtés dans les hôtels de premier ordre.

Dans ma classification, je me suis permis de donner à Dumas le titre de touriste *romancier :* c'est qu'en effet il brode à merveille; mais pourquoi chercher s'il invente ou s'il raconte? Qu'importe, après tout? ces charmants épisodes, dont il a su enrichir ses IMPRESTIONS DE VOYAGE, ne sont pas de l'histoire; et, plus qu'un autre, je puis vous en donner la preuve.

En 1834, à peine débarrassé de mon fashionable, je fus *seul* à Chamouni; car ma plaie était trop saignante pour me permettre d'essayer sitôt d'un autre camarade de course! Après maintes excursions plus sérieuses, je payai mon tribut à la réputation bien méritée de la mer de glace, et en deux heures j'arrivai à la cabane du Montanvert, sans m'écrier, comme notre parisien: *nec plus ultra!* — Je ne vous peindrai pas l'étonnant spectacle qui se déroula devant moi; un océan gelé au milieu du bouleversement d'une tempête! Probablement vous avez lu cette phrase ou une meilleure dans les récits de cent touristes; et en général, je ne décrirai que les sites peu connus à cause de la difficulté de leur accès. Mais je vous dirai que j'avais pour guide un des meilleurs de la vallée, Mathieu Balmat, cousin du fameux Jacques, et frère de Pierre Balmat qui, en 1820, a péri avec Michel Terre et Pierre Carrier dans la crevasse du grand plateau au Mont-Blanc, lors de la malheureuse ascension tentée par MM. Anderson et Hamel. Vous avez sans doute lu les IMPRESSIONS DE VOYAGE de Dumas; moi, je venais de dévorer les deux premiers volumes qui seuls avaient paru à cette époque; et lorsque je me trouvais dans les passages si bien décrits par notre poète, je suivais religieusement ses traces avec une crédulité... qui a failli me coûter cher! Voici comment :

Vous vous rappelez que l'auteur d'*Antoni*, en quittant la cabane du MONTANVERT, longe LE GLACIER DES BOIS, et parvient à la source de l'ARVEYRON par la descente de la FÉLIA, descente vraiment fatigante et difficile qui raccourcit d'une heure; puis après avoir admiré la belle grotte de glace par laquelle l'ARVEYRON s'élance du glacier, ne trouvant plus sur le torrent l'arbre qui sert de pont pour le traverser, il le franchit d'un bond à la grande stupéfaction de J. Payot, son guide, obligé de faire un détour de deux kilomètres pour le rejoindre à Chamouni.—Plein de mon sujet ; je descends aussi par la Félia ; puis, arrivé à l'endroit désigné, quoique j'aperçoive le pont composé de deux troncs de sapin, je ne suis pas fâché de prouver à Balmat que je saute aussi bien qu'un autre ; je prends mon élan de loin, et... je m'arrête à grand'-peine, blanc comme ma chemise, les pieds dans l'eau... à la vue d'un torrent impétueux qui a cinquante mètres de large...

—Eh bien ! Qu'est-ce qui vous prend ? me cria Balmat.

—Pardieu, ce qui me prend !... j'ai manqué me noyer ! rien que ça !

—A propos de quoi donc ?

—A propos de ce b..... de Dumas qui a eu l'impudence d'écrire qu'à la place où nous sommes, il a franchi l'Arveyron d'un bond de trois à quatre mètres, et j'ai voulu l'imiter!... Ah! ça mais, est-ce que l'Arveyron est toujours aussi large?

— Pas précisément. Aussitôt que les froids reviennent, la neige cesse de fondre, et il est souvent réduit à quinze mètres; mais M. Dumas ne l'a pas plus sauté que vous... j'vas vous expliquer la chose :

L'année dernière, son guide Payot a reçu de Paris, sans rien payer, deux beaux livres dans lesquels M. Dumas raconte tous ses voyages; il faut êt'e juste, i'ne fait pas d'tort à la vallée de Chamouni. Nous les avons lus c't'hiver à la veillée; et à l'endroit qu'vous dites-là, nous sommes tous partis d'un grand éclat d'rire... Mais Jacques, qui tenait l'livre, nous a fait voir que le passage était souligné, et à la marge il y avait écrit au crayon : *Blague pour les Parisiens!!*...— Joli, n'est-ce pas?...

Avant d'aller plus loin, permettez-moi une petite digression sur le mot *impres-*

sions appliqué aux récits d'un touriste. Ce mot est très usité aujourd'hui ; et selon moi, il a le mérite de contenir : *multa paucis*, puisqu'il veut dire : sentiment imprimé dans l'esprit par ce que l'on voit ; effet produit sur l'ame ou sur les sens. Il est vrai qu'il a l'inconvénient d'obliger l'écrivain à employer presque constamment les pronoms personnels *je* ou *moi* ; mais comment l'éviter en racontant ce qu'on a fait? — Dans les hautes montagnes surtout, tel site vu par un beau soleil levant, ou au milieu d'un violent orage, peut-il être le même? Non certainement, et la chose est si vraie, que deux voyageurs qui l'auront visité à quinze jours de distance, feront souvent deux descriptions toutes différentes en racontant les *impressions* produites par le même paysage. Il y a plus, ces *impressions* dépendent beaucoup du caractère de chacun, et de la disposition physique ou morale au moment où on les reçoit ; aussi deux personnes peuvent dépeindre de deux manières le même tableau qu'elles auront vu ensemble, et par conséquent sous les mêmes conditions atmosphériques. Je pourrais vous en citer mille exemples, et vous en trouverez un frappant dans le cours du récit suivant.

Le 11 juillet 1836, nous partimes des bains de St-Gervais (1) situés en Savoie, au pied occidental du dôme du Gouté, avec le projet de faire le tour de la chaîne du Mont-Blanc, par le Piémont, en traversant l'Allée blanche, afin de descendre à Courmayeur, pied méridional du Mont-

---

(1) Cet établissement, déjà considérable aujourd'hui, est de création toute récente. La source thermale, à laquelle on donne 33 degrés de chaleur, a été découverte en 1806 par Gontard de Genève. Elle a ceci de remarquable, qu'elle sort de terre à un pied d'un torrent d'eau glacée, le Bonnant, qui la déplace lors des crues d'eau extraordinaires, sans jamais l'altérer, ni l'entraîner dans son cours.

Blanc. Pour cette excursion longue et quelquefois périlleuse, je m'étais réuni à M. John Kleffler, Américain distingué qui, avant de rendre hommage à notre vieux continent, avait exploré la chaîne principale des Cordilières, et les grandes scènes de la nature au Canada. Aussi convenait-il que l'immense cataracte du Saint-Laurent à Niagara faisait grand tort aux plus belles cascades de la Suisse. — La veille de notre départ, M. S. Lacroix, associé de Vilmorin, à Paris, et botaniste par conséquent, demanda à se réunir à nous, ce qui fut accepté avec empressement; et, comme je l'ai dit, le 11 juillet nous nous mîmes en route par le plus beau temps du monde, escortés de deux guides de Saint-Gervais, Révenaz et Gaillard fils. Notre bagage peu considérable, comme vous devez le penser, était renfermé dans trois sacs de soldat, dont deux portés par nos guides; pour le troisième, chacun de nous prenait la corvée d'heure en heure avec une exactitude toute militaire. En outre, Révenaz était chargé de l'herbier portatif de Lacroix, et Gaillard de quelques instruments de physique pour Kleffler. Quant à moi, je m'étais muni des Voyages dans les Alpes, par M. de Saussure, qui a fait la même excursion; et cet excellent ouvrage nous fut aussi utile qu'agréable. J'oubliais de dire que, menacés de mourir de faim dans deux misérables chalets, nos seuls gîtes pendant près de vingt lieues, nous avions sur chaque sac *un pain blanc*, indépendamment de l'indispensable chocolat, et du kirsch-wasser ou du rhum renfermés dans nos gourdes.

Après avoir franchi la première rampe, au pied de laquelle les bains sont construits, avec l'imprévoyante ardeur dont on devrait toujours se défendre, au commencement d'une course qui réclame toutes vos forces, nous fîmes un petit détour à droite pour visiter le Pont du Diable, situé à l'extrémité du territoire de Saint-Gervais. La Suisse et la Savoie possèdent plusieurs ponts, auxquels on a donné le nom de Pont du Diable. On paraît avoir choisi cette épithète expressive, pour qualifier tous ceux qui, par leur situation extraordinaire, semblent avoir nécessité, dans leur construction, le secours d'un être surnaturel ; et, à ce titre, le fameux pont du Saint-Gothard n'est pas le moins justement célèbre. Celui de Saint-Gervais nous parut aussi d'une grande hardiesse ; il est composé d'une seule arche à plein-cintre, jetée à une immense élévation sur le Bonnant, et au milieu des accidents de terrain les plus sauvages.

Pour rejoindre notre chemin, nous devions traverser un de ces beaux bois de sapins et de mélèzes si communs en Savoie et qui, entr'autres choses, abritent sous leur épais ombrage une grande quantité de charmants écureuils. L'un d'eux, fort beau dans son espèce, bondit tout-à-coup à quelques pas de nous, et s'élança dans un gros pin, dont il escalada les quarante pieds avec une agilité merveilleuse. Aussitôt le jeune Gaillard saisit une grosse pierre et se mit à sa poursuite pour nous donner un spectacle tout-à-fait nouveau pour nous.

Arrivé au pied du sapin sur lequel s'était réfugié notre écureuil, il frappa vivement le tronc de l'arbre avec son caillou. Le petit animal parut écouter un moment avec anxiété, puis sautant de branches en branches, il parcourut l'arbre plusieurs fois dans toutes les directions avec une vélocité *éblouissante*, et finit par prendre son élan à l'extrémité d'une des plus longues branches qu'il fit plier légèrement, sous un puissant effort, pour s'élancer dans un arbre voisin, par un bond prodigieux. Là, même attaque, même défense, mêmes gambades et même saut ! Bref, l'agile quadrupède nous fit parcourir, en quelques minutes et avec force exclamations sur sa gentillesse, plusieurs centaines de mètres.

— Voici, messieurs, nous dit Révenaz, le commencement d'une chasse à l'écureuil ; il vous sera facile maintenant d'en comprendre l'issue qui serait sans intérêt pour vous aujourd'hui. Lorsqu'on veut prendre des écureuils vivants, il faut être deux et emporter deux poches en fort cuir, dont une un peu grande. Aussitôt qu'on en découvre un beau, l'on se met à sa poursuite comme vous venez de le voir, en frappant à coups redoublés sur les troncs de sapin. Le petit animal se figure sans doute que l'on va couper ces magnifiques arbres par le pied, pour arriver jusqu'à lui, et pendant quelques instants, il semble voler comme un oiseau de pin en mélèze... Mais arrive bientôt le moment où ses forces s'épuisent; après avoir parcouru avec effroi son dernier refuge de tribord à bâbord, il reconnaît qu'il n'a plus assez de vigueur pour s'élancer sur l'arbre voisin, et finit par se blottir découragé au plus épais de l'ombrage : à ce moment, et pendant que son camarade continue à frapper le sapin, notre second chasseur grimpe dedans et jette facilement la pauvre victime dans sa poche de cuir.

A l'exception de cette jolie chasse improvisée, pour nous qui connaissions déjà une grande partie des Alpes, cette première journée ne nous offrit que trois choses remarquables ; la situation pittoresque du village de Notre-Dame de la Gorge, et le chemin que l'on prend en le quittant : c'est un étroit sentier taillé dans le roc au milieu d'une pente très rapide, où nous fûmes obligés pendant une bonne demi-heure d'escalader de grandes marches irrégulières polies par le frottement, et par conséquent très glissantes. Avant de passer le pont de pierre sur lequel on traverse une dernière fois le Bonnant, nos guides nous firent remonter un peu plus haut. Bientôt nous entendîmes comme le bruit d'un tonnerre lointain, nous sentîmes la terre trembler sous nos pas... Cet ébranlement est occasionné par le torrent qui se précipite furieux du glacier du Trélaulay, et forme, à cet endroit, plusieurs cascades souterraines.— En approchant sur le bord du précipice, quoique fortement retenu par Révenaz, il me prit un tel étourdissement que je compris pour la première fois toute la signification du mot *vertige*. Je ne sais trop comment définir cette sensation singulière, que je n'ai éprouvée qu'une fois... C'est une sorte d'égarement physique et moral, puisqu'il réagit sur la raison ! On se sent fasciné, entraîné par ces tourbillons d'écume qui bouillonnent avec fracas sous vos pieds et agitent le sol au loin ; lorsque mon guide me tira violemment à lui, il me sembla qu'il m'arrachait du gouffre ! Du reste, ils sont si habitués à ce résultat, qu'ils ne permettent jamais aux voyageurs d'affronter seuls *cette horrible tentation.* John l'éprouva tout autant que moi et Lacroix beaucoup moins ; ceci dépend entièrement de l'organisation ; la volonté la plus ferme n'y peut rien.

Notre première étape ne devait pas être fatigante, et en effet, arrivés d'assez bonne heure au chalet du Nant-Bourant, nous nous couchâmes, au défaut du jour, après un souper très-peu *comfortable*, nous dit un Anglais, fort silencieux d'ailleurs, qui était arrivé un peu avant nous de Chamouni, dont il regrettait sans doute les excellentes auberges. En nous souhaitant une nuit courte et bonne, nous ne pûmes nous empêcher de nous serrer la main avec une certaine préoccupation ; car le lendemain était pour nous une journée sérieuse.

Condamnés à treize heures de marche dont six dans la neige, avant d'arriver à Courmayeur, nous devions être sur pied à trois heures du matin pour franchir, au lever du soleil, le fameux col du Bon-Homme, ou rester au Nant-Bourant, si nos guides apercevaient le moindre symptôme de mauvais temps; et dandysme à part, cette dernière perspective n'était pas douce. Il n'y a pourtant pas à hésiter; ce passage, qu'on ne peut tenter que pendant trois mois de l'année, est souvent mortel, si l'on y est surpris par un orage; et deux malheurs récents viennent encore d'augmenter sa triste réputation. Du reste, pour éviter qu'on m'accuse d'exagérer mes exploits montagnards, je vais laisser parler M. de Saussure lui-même; et à coup sûr vous ne perdrez pas au change. Voici comment il décrit la montée de ce col du côté du Nant-Bourant :

« ..... On sort de cette plaine en montant une pente rapide. Cette montée conduit à une autre plaine semblable à la précédente, mais plus petite et plus sauvage, qui se nomme le PLAN DES DAMES. On voit, au milieu de cette plaine, un monceau de pierres de forme conique de dix à douze pieds de hauteur, sur quinze à vingt de diamètre. Sous ce monceau de pierres reposent les corps d'une grande dame et de sa suivante, qui, surprises là par un orage, y moururent et furent enterrées sous des débris de rochers. Ce monceau s'augmente d'un jour à l'autre, parce que c'est l'usage que tous ceux qui passent là jettent une pierre sur ce tombeau.

« Lorsqu'on se trouve par un beau jour sur ces hautes montagnes, l'air y est si calme, il paraît si pur, si léger, que l'on a peine à comprendre comment la simple agitation de cet air peut produire de si terribles effets. Il est pourtant certain que les orages sont beaucoup plus violents et plus dangereux sur les hautes montagnes que dans les plaines. Tantôt le vent qui s'engouffre entre les chaines de rochers convergentes, y prend une vitesse et une force à laquelle les hommes les plus forts ne peuvent résister ; tantôt des courants réfléchis en sens contraires prennent un mouvement de tourbillon qui ôte la respiration et la présence d'esprit : et lorsqu'à ces coups de vent se joint de la neige qui, même en été, accompagne presque toujours les grands orages sur les hautes montagnes, elle rend l'air absolument opaque, force même le voyageur à fermer les yeux ; il meurt de froid s'il s'arrête, et s'il marche au hasard, il tombe dans un précipice. Aussi les habitants des Alpes, même les plus braves, ne se hasardent-ils point à traverser une haute montagne, telle que le Bon-Homme, qui passe pour une des plus dangereuses, lorsque le temps a mauvaise apparence. Les voyageurs doivent les en croire, et ne pas s'obstiner à passer lorsqu'on les en dissuade..... »

Maintenant reportez-vous au misérable chalet du Nant-Bourant, qui est bien dans la situation la plus horrible que je connaisse, et vous ne trouverez plus extraordinaire la préoccupation qui nous domina à la suite de cette lecture; car nous nous étions fait une loi de lire chaque soir dans Saussure la description des passages franchis dans la journée, et de ceux que nous devions parcourir le lendemain. Grâce à mon *réveil*, qui ne quitte jamais mon oreiller en voyage (oreiller, au Nant-Bourant, doit être pris dans le sens allégorique), j'étais sur pied le lendemain matin à deux heures et demie. Tout reposait autour de moi... Je sortis promptement et j'élevai, avec anxiété, mon foulard au bout de mon bâton blanc...
—Houra! m'écriai-je, en sautant comme un enfant autour de ma girouette improvisée, houra! le vent n'est pas changé... Plein

nord... Nous avons un temps sûr.—N'est-ce pas Révenaz, demandai-je à mon guide qui, à mes cris, sortit le premier sa tête par une espèce de lucarne.

Révenaz frotta ses yeux tout chargés de sommeil, interrogea avec attention plusieurs côtés de la montagne.—Ma foi! Monsieur, on n'y voit pas encore beaucoup, mais j'pense com'vous.—Bravo ! Allons, paresseux... debout ! Mangeons la soupe à l'oignon en Savoie... ce soir nous souperons en Italie avec du macaroni!—Et ce qui fut dit fut fait.

Avouez, en passant, que je suis un grand maladroit! Où pourrai-je mieux placer une de ces scènes dramatiques, palpitantes d'émotion, que nos faiseurs de romans prodiguent à l'excès aujourd'hui?... Mais non... Encore une fois, je n'ai pas la prétention de faire un livre, je n'invente rien ; je raconte pour les miens ; et connaissant leur indulgente affection, je n'ai d'autre but, en recueillant mes Souvenirs, que de leur abréger deux ou trois longues soirées passées au coin du feu. Il faut donc en convenir, nous eûmes un temps superbe... Pas un nuage à l'horizon; et tout ce qui a été malheur et danger pour quelques victimes, fut pour nous bonheur et plaisir!

Nous fîmes route avec l'Anglais jusqu'au col du Bon-Homme, où nous parvînmes aux premiers rayons du soleil levant. Là, nous nous séparâmes, notre Anglais, qui voyageait seul, un livre à la main, dans l'intention de retrouver les véritables traces du passage d'Annibal, prit à droite le sentier du Chapiu, qui devait le conduire au petit St-Bernard. Quant à nous, nous primes à gauche pour atteindre le col des Fours, qui nous dominait encore de trois ou quatre cents mètres, et devait nous raccourcir de deux heures. Car du Nant-Bourant à Courmayeur, par le Chapiu, il y a quinze heures de marche; aussi

Saussure, qui a suivi cette dernière route, parce que l'autre n'était pas connue alors, fut-il obligé de passer la nuit au Chapiu; et nous, éreintés ou non, nous avions résolu de coucher en Italie !

Une heure avant d'arriver au col du Bon-Homme, nous commençâmes à gravir dans la neige, où il y avait déjà l'empreinte de quelques pas. C'étaient les traces d'une bande de voyageurs qui nous avait précédés trois jours avant; mais elle avait sans doute pris aussi la route du Chapiu, plus longue et moins dangereuse, car depuis le col du Bon-Homme jusqu'au chalet du Motet en passant par le col des Fours, nous avons foulé pendant deux heures une neige vierge et éternelle, dans laquelle nous enfoncions jusqu'aux genoux. Je ne puis rendre l'impression que produisit sur nous cette nappe sans fin, d'une blancheur éblouissante et immaculée; il y a pour le touriste un plaisir secret et indéfinissable à passer là où nul autre ne l'a devancé ; il semble que tout ce qu'il voit le *premier* lui appartienne en propre... Je suis sûr d'être compris par tous ceux qui ne se sont pas contentés, en Suisse, des courses banales de Chamouni et de l'Oberland!—Depuis les bains de Saint-Gervais nous montions sans relâche ; l'air devenait plus rare, la respiration difficile ; et malgré un voile de gaze dont nos guides nous avaient conseillé de nous couvrir la figure, nos yeux, fatigués par la réverbération continuelle du soleil sur la neige étincelante, commençaient à devenir brûlants ; à chaque instant le ciel prenait une teinte bleu de roi de plus en plus foncée, dont Saussure attribue l'intensité à la grande pureté et à la transparence de l'air, à une pareille élévation.

Enfin, après cinq heures de marche, nous arrivâmes à huit heures et demie du matin, au col des Fours où nous devions déjeûner. Ne trouvant pas la hauteur de ce passage indiquée dans le Manuel du voyageur d'Ebel et Lutz, John en fit le relevé à l'aide de son baromètre... Nous étions à deux mille sept cent quatre-vingt-douze mètres au-dessus du niveau de la Méditerranée ; c'est la plus grande élévation à laquelle je sois parvenu dans les Alpes.

Pourrai-je vous donner une idée de la scène qui se déroula sous nos yeux ? Une plume, fût-elle beaucoup plus habile, saurait-elle décrire un aussi vaste panorama et le mettre à portée de ceux qui n'ont pas vu de hautes montagnes ?...— A nos pieds, tout autour de nous, ce n'étaient que pics décharnés, découpés dans les formes les plus bizarres et les plus fantasques... Ceux-ci couverts d'une neige éblouissante, ceux-là élevant une tête noirâtre sillonnée par la foudre dont ils semblent railler les efforts. Au-dessous de nous, le rocher du Bon-Homme que vous connaissez ; bien loin, à droite, la sombre vallée de l'Isère qui paraissait se perdre pour nous au pied du Grand-Som, sommet des montagnes de la grande Chartreuse. Devant nous, un horizon sans bornes; la Tarantaise et le petit Saint-Bernard, la Maurienne et le passage du Mont-Cenis, dont nous étions séparés par plus de vingt lieues... A notre gauche, par dessus le col de la Seigne, nous apercevions les sublimes horreurs de l'Allée blanche, bouleversée sans cesse par de terribles avalanches qui roulent de la chaîne du Mont-Blanc, en entraînant des quartiers de roc monstrueux entassés les uns sur les autres. Notre proximité de cette vallée permettait d'embrasser d'un coup d'œil tous ces détails sauvages, et je ne connais rien de plus propre à faire comprendre le chaos décrit au commencement de la Genèse! Enfin, derrière nous, et en quelque sorte sur nos têtes, la masse colossale du Mont-Blanc, qui avait semblé grandir à mesure que nous cherchions à nous élever sur ses flancs, et nous dominait encore de plus de deux mille mètres!

Comme je vous l'ai dit, chacun sent à sa manière; mais après les premiers moments consacrés, en silence, à la contemplation de ce tableau gigantesque, je ne sais quel sentiment vague de crainte et de respect s'empara insensiblement de moi, qui me trouvais si petit et perdu au milieu de si grandes choses ; et j'en vins à prendre en pitié l'homme qui avait osé sottement s'intituler le *roi de la création!* Aussi je n'en voulus pas à Révenaz, lorsqu'il m'arracha à ma rêverie, en m'avertissant que notre couvert était mis.—Pendant que nous admirions chacun de notre côté, nos guides s'étaient empressés de barrer un petit ruisseau formé par le peu de neige qui fondait à l'ardeur du soleil, et où nous puisâmes à discrétion une eau limpide. Je vis plusieurs tranches d'un jambon coriace emporté du Nant-Bourant, étalées sur la neige au milieu de morceaux de pain dont le volume souriait fort à nos appétits montagnards... Oh! la nappe était blanche, allez... notre salon valait bien celui des frères Provençaux... Nos sacs nous servirent de siége; et si vous voulez déjeûner avec nous, vous verrez, par notre conversation que le *même* spectacle n'avait pas produit sur Kleffler la *même impression*. Du reste, cette différence peut s'expliquer parce qu'il venait de quitter sa patrie où, depuis trente ans, l'industrie humaine a exécuté les travaux les plus prodigieux; et les beautés du panorama que j'ai voulu décrire ne pouvaient lui faire oublier les steamers des États-Unis (vraies maisons flottantes proportionnées à leurs grands fleuves), ni les mille lieues de chemins de fer qui sillonnent les deux Amériques dans toutes les directions.

—K. Il faut convenir, messieurs, que les grandes scènes de la nature dédommagent amplement de toutes les fatigues, de tous les dangers que l'on brave pour arriver jusqu'à elles. En vérité, de pareils tableaux élèvent l'ame, et grandissent à mes yeux le génie tout puissant de l'homme qui est parvenu à dompter tous les éléments, dont sa faiblesse physique devait le rendre le jouet! Mais que les amateurs du pittoresque se hâtent; car derrière nous la civilisation marche à grands pas, comblant les vallées, abaissant les montagnes ou les joignant entr'elles, selon les besoins de son industrie...

— Soyez tranquille, dit en riant Lacroix, tout puissant que vous supposiez le génie de l'homme, il n'abaissera pas de sitôt le Mont-Blanc dans la vallée de Chamouni!

—K. Je le pense comme vous, mais pourquoi ne le fera-t-il pas?

— S. Par la meilleure de toutes les raisons... c'est que la chose est impossible.

—K. Du tout, monsieur; l'homme ne le

fera pas parce que l'entreprise ne pourrait assouvir sa cupidité! L'or! voilà le dieu de notre siècle! L'or! voilà le grand levier que cherchait Archimède pour soulever le monde!... Deux savants Anglais qui viennent de sonder la vallée de Sixt, au pied nord du mont Buet, prétendent que la Savoie est le pays du monde qui possède les mines les plus riches. Eh bien! démontrez, matériellement parlant, que ces mines d'or et d'argent existent au milieu du Mont-Blanc. Au bout de huit jours, le premier ingénieur venu vous dira: Le Mont-Blanc contient tant de mètres cubes de matériaux; que cinquante mille ouvriers, travaillant douze heures par jour, peuvent, à l'aide de la poudre, renverser dans les vallées voisines en cent... deux cents ans, si vous voulez! Six mois après, une société en commandite par actions, composée de tous les banquiers de l'Europe, capital: deux ou trois milliards, raison sociale:

Rotschild, Laffitte et compagnie, mettra la main à l'œuvre !

— L. Pas mal pour la théorie ; mais, dans la pratique, vous oubliez que si nos capitalistes consentent à attendre un dividende dix ans, pourvu qu'il rapporte cent pour cent, ils ne voudront jamais l'attendre cent ans.

— K. Eh bien ! alors mes capitalistes emploieront deux cent mille ouvriers, et...

— S. Permettez-moi de vous dire, mon cher ami, que vous oubliez l'histoire de la tour de Babel !

— Je vous comprends, me répondit notre Américain ; mais il me semble que l'allégorie de la tour de Babel ne doit être appliquée qu'à ceux qui veulent monter jusqu'au ciel, c'est-à-dire violer les lois de la nature ; et je prétends, au contraire, qu'avec le temps, la science et des bras, le génie de l'homme peut tout... dans les limites des lois naturelles ! Voyons, Messieurs, écoutez-moi un peu sérieusement, et vous serez obligés d'avouer que ma proposition est démontrée par les faits.—Dans le siècle dernier, avant Papin et son rival Fulton, si quelqu'un eût osé dire : Le Rhône est un des fleuves les plus rapides de l'Europe; eh bien! en 18.. vous verrez des bateaux remonter son cours, de Marseille à Lyon, sans aucun secours de halage, aussi vîte que les vôtres le descendent aujourd'hui... comment l'eût-on traité? —Il y a vingt ans, si quelqu'un vous eût dit : En 1834, un ingénieur français, Chaley, immortalisera son nom en réunissant, à Fribourg, deux sommets de montagne, par un pont suspendu qui aura sept mètres de large, trois cents mètres de long, *d'une seule jetée*, et cinquante-quatre mètres d'élévation au-dessus de la SARINE... qu'eussiez-vous répondu?—Enfin, il y a vingt ans, si quelqu'un vous eût dit : En 1840, vous passerez *sous* la Tamise dans votre berline à quatre chevaux... vous irez de Paris à Rouen en cinq heures; et quand vous rencontrerez une montagne, vous passerez *à travers* dans un tunnel... une vallée, au lieu d'en suivre la pente, vous la franchirez sur un viaduc de deux ou trois mille mètres... Ah! ah! messieurs les incrédules, qu'eussiez-vous répondu?... pas grand'chose, ce me semble ; car je crois que vous vous vengez de votre défaite sur ma part de chocolat. — Eh bien! puisque vous ne voulez pas qu'il soit possible d'abaisser le Mont-Blanc, je vous dis, moi, que dans cinquante ans peut-être un goutteux ou un cul-de-jatte pourra se passer la fantaisie d'aller, sans aucune fatigue, faire des pelotes de neige sur son sommet... aimez-vous mieux ça?

Pour unique réponse, nous partîmes tous d'un grandissime éclat de rire; et Gaillard fils, qui avait pu comprendre cette dernière prédiction, faillit s'étouffer avec un gros morceau de mie qui lui boucha le gosier ; il commença à craindre que notre pauvre camarade ne fût devenu fou.

— S. Ma foi, mon cher Jonh, j'avais eu souvent l'occasion de remarquer combien vous avez des idées originales, mais franchement, je crois que la position vous inspire ; aujourd'hui vous vous surpassez.

— K. (*sans se déconcerter*) Votre misérable Mont-Blanc n'a pas cinq mille mè- de haut... Si en 1782, quelqu'un fût venu vous dire : L'année prochaine, Jacques Montgolfier s'élèvera *dans les airs* à sept mille mètres aux applaudissements du monde entier ! allons, messieurs les rieurs, qu'eussiez-vous répondu ?... Vous voilà encore pris.

— L. Oui, si vous pouviez diriger votre ballon ; mais le point d'appui manque et il manquera toujours !

— K. Longtemps, c'est possible, aussi vous ai-je dit : *Peut-être dans cinquante ans* ; mais pourquoi toujours ?—Si l'on juge de l'avenir par le passé, quelles découvertes ne fera-t-on point ! Aujourd'hui l'aréonaute anglais Green s'enlève où il veut, à la hauteur qu'il veut, remonte... redescend quand il veut ; ainsi l'on sait diriger un ballon verticalement. Reste donc la direction horizontale... Eh bien ! monsieur, prenez votre point d'appui là où l'oiseau sait trouver une résistance à son coup d'aile ; puisque votre ballon est plus léger que l'air atmosphérique...

—S. Très bien, mon cher ami ; de la discussion naît la lumière, ainsi nous admettons que la solution de votre problème est possible... mais, plaisanterie à part, ce n'est pas un ballon qui nous transportera à Courmayeur. Plions donc bagage sans plus tarder, et descendons au chalet du Motet ; car voilà près d'une heure employée à admirer et à bavarder tout en déjeûnant.

Le chalet du Motet est une misérable

cabane que nous distinguions à peine à une lieue sous nos pieds. Nous étions obligés d'y descendre par une pente tellement rapide, que je compris parfaitement pourquoi, sur mille touristes qui visitent la Suisse, il n'y en a pas quatre qui franchissent le col des Fours. Je ne sais si Révenaz nous dirigea mal ; mais à un endroit où cette descente est presqu'à pic, nous fûmes arrêtés par un immense rocher de forme convexe, composé d'une espèce de grosse ardoise rendue tellement glissante et humide par la fonte récente des neiges, que nous hésitâmes à le traverser. Enfin, ne trouvant pas d'autre passage, il fallut bien s'y décider... Nos guides ouvrirent la marche, bien entendu ; et moitié glissant, moitié se traînant, qui sur les pieds, qui sur les mains, qui sur... nous parvînmes au pied de notre rocher sans avaries trop considérables dans les fonds de culotte ! —Figurez-vous maintenant s'il peut rester une seule chance de salut au malheureux voyageur surpris et aveuglé par le mauvais temps dans des passages aussi périlleux même par le plus beau soleil! Néanmoins, je conseille fort à mes successeurs de prendre le raccourci du col des Fours, s'ils vont du Nant-Bourant à Courmayeur. Quant à ceux, au contraire, qui partiraient de Courmayeur, je les engage à suivre la route plus longue du Chapiu, car je crois physiquement impossible qu'un homme remonte ce que nous eûmes tant de peine à descendre.

Cette longue descente fit briller, pour la première fois à nos yeux, tous les talents gymnastiques de Lacroix. Je ne sais s'il a étudié avec les chats sur les gouttières, mais je n'ai rien rencontré de comparable à son adresse et à sa légèreté. Là où nous manœuvrions à quatre pattes, nous et nos guides, nous le voyions voltiger autour de nous, avec son grand bâton qui semblait plutôt lui servir de balancier que de point d'appui; Kleffler en était tout dépité... Réellement, je crois cet homme capable de passer partout où passe un chamois! Excité par nos exclamations, il finit par gambader si bel et si bien, qu'en arrivant au Motet, vers onze heures, il se trouva tout en sueur et obligé de changer de chemise; car, dans les gorges des Alpes, il fait très chaud de dix heures à trois, et très froid pendant le reste du temps.

Digne pendant du Nant-Bourant, le Motet est un pauvre chalet habité et accessible trois mois de l'année seulement; huit jours plus tôt nous eussions trouvé porte close. Au commencement de juillet, les propriétaires y arrivent avec leurs troupeaux; et chaque animal, une clochette au cou, erre en liberté dans ces vastes solitudes, dépouillant l'herbe conservée sous la neige, à mesure qu'elle veut bien fondre. —Nous fîmes tordre le cou à deux poulets étiques que l'on devait nous servir à une heure; et jusque-là nous avions deux bonnes heures à consacrer au repos. Nous nous jetâmes donc tout habillés sur de la paille étalée dans de mauvaises caisses carrés, fort courtes, montées sur quatre pieds; au Motet, on appelle ça des lits...

Au plus fort de mon somme, je le dis encore en soupirant, de mon précieux somme, je fus assailli par une espèce de cauchemar; il me sembla que j'entendais un vacarme sterling accompagné de beuglements, puis des cris confus... Par ici!... haóh! oóh! donc... Ah! mon Dieu, elle va se rompre le cou! Je finis par ouvrir de grands yeux et m'asseoir sur mon séant... Je ne rêvais pas!...—Diable! m'écriai-je à mon tour, qu'est-ce donc? Sommes-nous emportés par une avalanche?... Je sortis avec effroi.... Tout était bouleversé autour du chalet: les moutons, les chèvres, les vaches, les taureaux, couraient, bondissaient de tous les côtés, les gros renversant les petits comme partout ; les femmes pleurant, les hommes jurant !...—Ah! çà! mais, m'écriai-je, c'est donc la fin du monde!

Notre hôtesse éplorée vint à moi, en s'arrachant les cheveux :

—Ah ! monsieur, monsieur ! votre chemise...

—Comment ma chemise?

—Oui, monsieur, votre chemise est cause d'un grand malheur !

—En vérité, ma brave femme, vous me parlez grec, et je crains fort que vous ne soyez piquée de la tarentule, vous et toutes vos bêtes.

—Alors si ce n'est pas à vous, c'est celle de votre grand camarade qui avait si chaud en arrivant ; sans doute il aura changé de chemise ; puis il l'a mise à sécher au soleil sur des bruyères ; une vache s'en est approchée pour la manger ; notre berger a voulu la chasser... et en s'échappant, elle a pris la malheureuse chemise dans ses cornes ; de sorte que n'y voyant plus, elle a commencé à courir de tous côtés en beuglant comme si elle eût été attaquée par un ours ; tout le troupeau est accouru pour la défendre, et vous la voyez là-bas qui distribue des coups de cornes à tort et à travers... l'enragée qu'elle est!!

Vers la fin de ce récit accompagné de gestes tragi-comiques, j'avais été rejoint par John et Lacroix réveillés peu de temps après moi ; et nous cherchions à faire taire tous les braillards bipèdes, pour tâcher d'arriver près de la victime sans l'effrayer, lorsque, par un dernier effort, elle se débarrassa des lambeaux qui avaient été une chemise...—Qui de trois paie un... reste deux ; c'est assez pour changer, nous dit en riant Lacroix ; et notre hôtesse finit par rire avec nous, car fort heureusement il y avait beaucoup plus de bruit que de mal. Cependant, comme un accident arrive rarement seul, cet épisode burlesque eut d'abord pour nous le grand inconvénient d'interrompre ce précieux sommeil que l'on ne pouvait essayer de reprendre ; car toutes nos minutes étaient comptées, et l'heure fixée pour le dîner approchait. Le second contre-coup porta sur notre chétif dîner, dont nous ne pouvions pourtant nous passer. En rentrant au chalet, nous aperçûmes, gisants sur la table, nos deux poulets que j'avais qualifiés d'étiques lorsqu'ils couraient encore, et qui, débarrassés de leurs plumes, étaient à peine gros comme de maigres pigeons. Ainsi, grâce à cette maudite vache, notre pièce de résistance n'était pas encore embrochée, et il était une heure !

Le désespoir de notre bonne hôtesse recommença de plus belle. Arrivée depuis très peu de jours, ses provisions, ses ustensiles... etc., étaient encore au bourg de St-Maurice, et comment faire une omelette sans poêle? Pour toute ressource, du lait et du pain noir, dans lequel il était impossible d'enfoncer un couteau, à moins de le faire bouillir pendant une heure (le reste du pain blanc avait été dévoré au col des Fours).

Je n'ai pas l'ame haineuse; mais je dois avouer que ma pensée se reporta sur mon fashionable de 1834; j'aurais donné de grand cœur un napoléon pour voir sa figure au milieu d'une disette aussi menaçante. Quant à nous, notre parti fut bientôt pris, nous mîmes en réquisition tous les œufs frais ou vieux pondus; il s'en trouva près de trente que l'on fit durcir sur-le-champ et que nous mangeâmes à la croque-au-sel en guise de pain... de bouilli... de rôti... etc.—Cette fois, cher lecteur, je suis trop courtois pour vous convier à notre repas d'anachorète! Notre ami Kleffler, si éloquent le matin, avait la mine un peu sombre et la parole difficile; obligé d'embrasser à chaque instant la cruche à lait pour se déboucher le larynx, il quitta la table le premier, en parodiant sur un air que je n'aurai pas besoin de vous nommer : *Ah! quel plaisir d'être... touriste! ah! quel plaisir...* etc. Cette boutade qui frappait juste nous remit en belle humeur, et nous dîmes adieu au chalet du Motet, après avoir amplement dédommagé notre hôtesse de ses tourments, de ses poulets et de ses trente œufs durs.

A deux heures précises, le sac sur le dos, nous entamions bravement la montée du col de la Seigne, par une chaleur de vingt-cinq degrés... Savez-vous ce qui soutenait notre courage? Du côté de l'Italie, le Mont-Blanc au lieu d'avoir une pente abordable comme du côté de Chamouni, ressemble littéralement à un mur vertical de quatre mille huit cent quatre-vingt-douze mètres; et M. de Saussure nous promettait, pour le lendemain, sur un certain pont de la Dora, la vue de la vallée d'Aoste, barrée au nord par cette gigantesque muraille, dont le sommet surchargé de frimas paraît se perdre dans les cieux... Ce point de vue est, je crois, unique au monde !

Le duché d'Aoste. — Le Grand Saint-Bernard.

La vallée d'Aoste compose aujourd'hui, presqu'à elle seule, le duché d'Aoste, province des états sardes. Elle a environ cent vingt kilomètres de long, sur vingt de large ; mais en descendant de Courmayeur (situé au pied méridional du Mont-Blanc) à la ville d'Aoste, sa largeur est souvent moindre d'un kilomètre. L'idiome des habitants est un patois de la langue française qui est celle du pays, la seule qu'on ait toujours enseignée dans les écoles, et dont on se soit servi pour les actes publics. Cette circonstance peut paraître singulière dans une contrée qui forme une province du Piémont; et pour l'expliquer il faut remonter à l'ancien royaume de Bourgogne, dont elle a fait longtemps partie, avant d'appartenir aux princes piémontais. Quoique sa position, par de là la grande chaîne des Alpes, la classe naturellement dans la région italienne, le voisinage de glaciers immenses lui vaut souvent en décembre et janvier le rude climat de Moscou. Quant à nous, grâce à la saison dans laquelle nous l'avons parcourue, à mesure que nous nous éloignions du Mont-Blanc nous reconnaissions, de plus en plus sous nos pieds, la chaude poussière de Milan, et sur nos têtes les rayons brûlants de son soleil.

Le 13 juillet nous arrivâmes à Aoste par une chaleur étouffante, et suffisante, de reste, pour nous prouver que nous venions de franchir une des grandes limites de la nature; le thermomètre de Réaumur marquait plus de 30° au-dessus de zéro..... Quelle transition relativement à la température de la veille et à celle qui nous attendait le lendemain! Aux environs de la ville d'Aoste la vallée s'élargit beaucoup et devient une plaine assez fertile; la ville est située au confluent des vallées tendant aux trois débouchés du Grand et du Petit St-Bernard du côté des Alpes, et d'Ivrée du côté de l'Italie. Aoste (par corruption du mot latin *Augustus*) fut bâtie sous Auguste par les Romains, dont une colonie s'établit dans la vallée, trente ans avant l'ère chrétienne, après en avoir subjugué les habitants (anciens Salasses). Cette ville renferme aujourd'hui six mille ames; elle attire l'attention du voyageur sérieux par ses antiquités romaines dont quelques-unes sont assez bien conservées, sans avoir l'importance de celles que nous possédons à Nimes, Arles, etc.

A l'entrée de la ville se présente majestueusement l'arc de triomphe construit par les Romains, sous les ordres de Terentius-Varo, leur chef, à l'occasion de la victoire éclatante remportée *par lui* sur les Salasses. Nous lûmes sur le frontispice l'inscription suivante :

AU TRIOMPHE D'OCTAVE-AUGUSTE CÉSAR.
IL DÉFIT COMPLÈTEMENT LES SALASSES
L'AN DE ROME DCCXXIV.

Cette inscription est en latin, bien entendu, et j'en donne la traduction littérale pour éviter à mes aimables lectrices (si tant est que ceci doive être lu) d'avoir recours à la science classique d'un mari ou d'un frère. Mais de l'autre côté de ce monument, j'aperçus quelque chose qui doit ressembler à de mauvais vers français ; car je déchiffrai, tant bien que mal, *foyers* et au-dessous *lauriers*. Je ne jugeai pas à propos de me fatiguer les yeux pour en lire davantage... il n'y a qu'un sot badigeonneur du XIXe siècle qui ait pu pousser l'impudeur jusqu'à déshonorer, par sa prose rimée, un monument de deux mille ans !! — Remarquons aussi que l'on écrivait l'histoire sous César-Auguste à peu près comme sous le *grand roi* Louis XIV. Auguste fut sans doute très flatté d'apprendre pendant son *petit lever*, à Rome, qu'on lui élevait un arc de triomphe aux pieds des Alpes, pour avoir vaincu les Salasses.... avec le bras de son lieutenant Terentius-Varo !... Pourquoi donc déclamer sans cesse que les courtisans sont une plaie moderne ? Convenons bien plutôt qu'ils ont été et qu'ils seront jusqu'au jugement dernier *inclusivement* la plaie des rois!!

Au centre de la ville actuelle on trouve trois arcades bâties par les Romains. Celle du milieu, qui est la plus élevée, est en marbre gris, et ornée d'assez belles sculptures, en demi-reliefs, un peu usées par le temps. Elle était exclusivement réservée pour le passage de l'empereur, ou plutôt de son lieutenant le préteur, et formait l'entrée de l'ancienne ville appelée Cordèle, du nom de Cordellus Statiellus, chef des Salasses qui, sortis de la Gaule cisalpine, vinrent s'établir dans cette vallée. Sur l'arcade du milieu se trouve l'inscription suivante :

L'EMPEREUR OCTAVE-AUGUSTE FONDA CES MURS,
BATIT LA VILLE EN TROIS ANS
ET LUI DONNA SON NOM L'AN DE ROME
DCCXXVIII.

Nous visitâmes encore les restes d'un

assez bel amphithéâtre construit avec portiques et voûtes, et un pont en marbre beaucoup mieux conservé, mais enseveli en grande partie sous des constructions nouvelles... O vicissitudes humaines! Ce pont a dû être jeté primitivement sur le BUTHIER, torrent qui descend du Grand St-Bernard et vient se réunir à la DOIRE, à l'extrémité de la ville; probablement une fonte subite des neiges aura changé son cours au milieu des ravages d'une inondation, et ce magnifique pont, que tant de siècles et de révolutions n'ont pu détruire, sert aujourd'hui de clôture *à l'étable d'un métayer!* — Allons! courage, géants de la terre, entassez le marbre sur le granit pour léguer votre nom à la postérité par des monuments *indestructibles;* n'épargnez pas surtout la sueur de vos sujets... puis, voyez au bout de quelques siècles ce que sont devenues vos œuvres sous le souffle de Dieu! N'est-ce pas le cas de nous écrier avec Bossuet : *Vanitas, vanitatum, et omnia vanitas ?...*

La vallée d'Aoste renferme des *ruines* de plus d'un genre; car nous y vîmes plus que partout ailleurs, en Suisse et en Savoie, des Crétins, pauvre race dégénérée et stupide, reléguée par sa difformité et son idiotisme complet au dernier échelon de l'espèce humaine ! Les Crétins forment au moins un sixième de la population de cette ville, et leur aspect extraordinaire ne peut manquer d'attrister profondément le touriste observateur. Ces êtres hideux, plus ou moins rachitiques, sont presque tous sourds-muets et ont à peine un mètre à un mètre trente de haut. Ils ont la tête très grosse, large, aplatie; le nez écrasé; la bouche grande, toujours béante; la langue énorme; les lèvres épaisses; l'œil rond, fixe et éteint; les oreilles grandes, le teint jaunâtre; la taille et les jambes courtes; enfin, plusieurs sont culs-de-jatte et ont de gros goîtres. En vérité, on ne peut esquisser un pareil portrait sans rougir, lorsqu'il faut y joindre le titre d'homme !!

Après une longue suite d'observations, M. de Saussure crut pouvoir attribuer l'abâtardissement des Crétins à l'air qui se trouve constamment comprimé dans certaines vallées étroites, par les hautes montagnes du voisinage. Depuis trente ans, l'opinion du naturaliste genevois a été complétement confirmée par l'expérience ; car les lois piémontaises permettant à ces monstres de se marier et de se reproduire entre eux, leurs enfants envoyés aussitôt après leur naissance dans des lieux élevés, jusqu'à l'âge de l'adolescence, ne conservent souvent aucune trace de crétinisme, ni au physique, ni au moral ; tandis que des parents sains et vigoureux voient quelquefois leur fruit dégénérer en crétin, s'il reste dans la vallée. De ces expériences, il résulte aujourd'hui que la plupart des habitants de la vallée d'Aoste n'hésitent pas à se séparer de leurs enfants pour leur faire respirer l'air pur et vivifiant des montagnes voisines ou des plaines fertiles de l'Italie, jusqu'à ce qu'ils puissent redescendre dans la vallée sans inconvénient pour leur santé et leurs facultés...—Quelle immense question ces faits incontestables ne doivent-ils pas soulever aux yeux du psychologiste! Nous sommes au nombre de ceux qui ne peuvent mettre en doute l'immortalité de l'ame, ce sublime corollaire de l'existence de Dieu; mais voyez un peu combien cette ame dépend ici bas de son enveloppe matérielle. Ce *même* enfant qui peut n'être qu'une brute, si sa mère n'a pas le courage de s'en séparer, sera peut-être une des gloires de l'humanité, si on l'envoie se développer sous le chaud soleil de Milan!!... Nous livrons ce grave sujet aux méditations de quelques-uns de nos lecteurs.

Notre projet était de rentrer en Suisse, en traversant le Grand St-Bernard, l'une des montagnes les plus célèbres de la chaine des Alpes, non plus pour cette variété de sites pittoresques, qui surprennent le touriste au milieu des gorges du Saint-Gothard et des Grisons, mais bien par son hospice et surtout par le passage de l'armée française au mois de mai 1800. Il ne s'agissait plus pour nous de glaciers et de cascades ; c'était le génie du héros des temps modernes dont nous voulions suivre les traces, pas à pas, au milieu d'un de ses exploits les plus audacieux... En un mot, c'étaient des émotions toutes françaises que nous venions demander aux neiges éternelles foulées par nos aigles : ces émotions nous tâcherons, en temps et lieu, de les faire partager à ceux de nos compatriotes qui chercheront, dans nos récits, l'exactitude des détails historiques recueillis sur place.

Nous avons tous lu, dans les historiens de l'empire, une phrase à peu près semblable à celle-ci : Nos arrières-neveux, à la vue des obstacles insurmontables entassés par la nature, au passage du Grand Saint-Bernard, ne voudront jamais croire qu'ils aient pu être franchis par l'artillerie française ! — J'en demande bien pardon à nos Tite-Live : mais quelque soit leur mérite d'ailleurs, rien n'est moins juste que cette pensée. Il est plutôt à craindre que, dans trente ans, nos *arrières-neveux* ne franchissent tranquillement le Saint-Bernard au trot dans une bonne berline, et ne demandent, de temps à autre, avec étonnement, en mettant le nez à la portière : Où sont donc ces précipices, ces montagnes de neige et de glace qui n'ont pu arrêter le glorieux vainqueur de l'Italie ! — C'est sans doute pour éprouver toute la trempe de la crédulité humaine, en fait de merveilleux, que quelques écrivains des commencements de l'ère chrétienne, et entr'autres Juvénal, dans une de ses satires (la dixième, si je ne me trompe) nous ont représenté Annibal dissolvant les rochers des Alpes *avec une infusion de vinaigre*; aujourd'hui nos ingénieurs emploient de préférence la poudre à canon, qu'ils prétendent plus efficace; et grâce aux immenses progrès de leur art, on peut déjà parvenir *en voiture*, des deux côtés de la montagne, au pied du dernier escarpement qui conduit, en trois heures, à l'hospice. Nous avouons bien que les plus grands obstacles restent encore à vaincre; mais avec du temps et quelques millions que ne fait-on pas? Si nos prévisions se réalisent, comme tout l'annonce, cette amélioration facilitera sans doute beaucoup les relations commerciales; mais elle enlèvera au Grand Saint-Bernard tout son prestige, au moins aux yeux du touriste français.

Depuis la ville d'Aoste jusqu'au joli village de Saint-Rhémi, la route côtoie le torrent du Buthier, que l'on traverse en plusieurs endroits; elle est presque constamment nue et aride: la position de Saint-Rhémi est assez pittoresque. En sortant de ce village on traverse une magnifique forêt de sapins, dont aucun habitant n'oserait abattre un seul arbre, car Saint-Rhémi est situé à la base du Mont Vélan, la sommité la plus élevée de cette partie des Alpes; et les avalanches, qui viennent se briser contre cette belle forêt, engloutiraient, sans sa puissante protection, le village à la fonte des neiges. Bien avant d'arriver à son extrémité, la terre est jonchée de débris de toutes espèces, des branches, des troncs d'arbres énormes brisés et couchés sur le sol, mais qui tiennent encore à la souche par un éclat; d'immenses quartiers de roc détachés du sommet de la montagne, roulés de précipices en précipices, puis arrêtés enfin par un sapin séculaire, après en avoir broyé bien d'autres..... Les grandes scènes de l'Allée Blanche, que le lecteur n'a pas oubliées, peuvent seules rivaliser avec le tableau de destruction qui frappa nos regards. Puis tout-à-coup l'on semble arrêté par une pente d'une raideur extraordinaire même dans les Alpes; plus de traces de végétation, la nature est impuissante contre la rigueur du climat qui commence à sévir; partout des ravins à sec, au mois de juillet, et profondément creusés, chaque année, par des avalanches; puis au sommet... dans les nuages, les neiges qui ne fondent jamais!—Cette dernière rampe conduit, par un sentier étroit, au col où est bâti l'hospice; elle a mille mètres d'élévation presque sans accidents de terrain; nous employâmes deux heures et demie à la gravir *en louvoyant*. Au mois de mai 1800, elle était encore couverte d'une épaisse couche de neige; Napoléon la descendit en traineau à *la ramasse* avec la rapidité d'une flèche...—Suspendu sur l'abîme, le sort de l'Italie dépendit, pendant quelques minutes, de deux mauvaises pièces de bois qui portaient la fortune de la France!!

A mesure que nous avancions dans cette pénible montée, un air vif et pinçant remplaçait insensiblement les trente degrés de chaleur de la vallée d'Aoste, et nous faisait regretter vivement des vêtements plus chauds dont on craint de se charger ; dans ces excursions le piéton trouve toujours son sac trop lourd. Lorsque nous atteignîmes l'hospice le 15 juillet 1836, à deux heures après midi, par un temps magnifique, le thermomètre marquait 8° 1|2 au-dessus de zéro, jamais il ne dépasse dix ; et en hiver il descend souvent à vingt et vingt-cinq au-dessous de zéro. La rigoureuse température du col du Grand Saint-Bernard tient moins à son élévation qu'à son orientation, relativement aux pics élevés qui le dominent, l'hiver y dure neuf mois ; les mois de juin, juillet et août sont les seuls pendant lesquels il n'y gèle que la nuit.

J'étais muni pour le père Barras, CLAVANDIER du couvent, d'une lettre dans laquelle nous lui étions vivement recommandés par un de mes meilleurs amis, M. de Monfalcon, lieutenant-général français, retiré à Genève depuis 1815. Cette lettre nous valut un accueil dont je conserverai toute ma vie le souvenir. C'est aux entretiens si instructifs du père Barras et aux précieux manuscrits de la bibliothèque, qui me fut ouverte, que je dois tous les renseignements qui vont suivre.

Sous les Romains et avant la fondation de l'hospice, la montagne du Grand Saint-Bernard s'appelait MONS-JOVIS, montagne de Jupiter, d'où l'on a fait, par corruption, MONT-JOUX, nom sous lequel elle a été connue fort longtemps. A peu de distance du couvent, on voit encore les ruines d'un temple dédié à Jupiter, sur un emplacement appelé aujourd'hui le PLAN DE JUPITER, et qui termine le territoire piémontais. Plusieurs écrivains rapportent que ce temple célèbre fut souillé maintes fois par des sacrifices humains. La limite qui sépare le Valais des terres du roi de Sardaigne, se trouve entre le PLAN DE JUPITER et le couvent. C'est une grande pierre de forme convexe sur laquelle sont incrustées la croix de Savoie, les sept étoiles de la république helvétique, puis au-dessous la crosse et le glaive de l'évêque du Valais. Cette limite est placée horizontalement sur une fontaine à côté de la route, ou plutôt du sentier.

En causant avec le père Barras des premiers âges de cette gorge des Alpes, nous ne pûmes nous entendre sur un sujet seulement : à savoir le passage d'Annibal dont il réclamait l'honneur avec acharnement, comme si celui de Napoléon ne suffisait pas pour illustrer l'hospice à tout jamais ! Or, je vous l'ai dit au commencement de notre excursion autour du Mont-Blanc, j'ai voyagé avec un Anglais fort instruit qui ne *sillonnait* les Alpes que pour vérifier, pas à pas, les traces de l'armée carthaginoise. Vous lui parliez glaciers et cascades... tout entier à son œuvre il vous répondait, en ouvrant un de nos classiques latins, dont son guide portait la collection : *Il est incontestable qu'Annibal, après avoir traversé le Rhône, près de Valence...* etc. — Le hasard m'avait fait retrouver cet Anglais à Aoste, lorsqu'il ne lui restait plus aucun doute sur l'objet de ses recherches ; et ma science était de trop fraîche date pour que je me rendisse à l'opinion que tous les religieux du couvent cherchent, mais en vain, à faire prévaloir. — Il est incontestable en effet qu'Annibal est descendu en Italie, par la vallée d'Aoste, car Luitprand, évêque de Crémone, et écrivain du xe siècle, déclare, dans ses œuvres, avoir trouvé *entière* sur un rocher aux environs de Donas (1) l'inscription suivante : *transitus Annibalis*, passage d'Annibal. Or, en laissant de côté les sentiers qui ne peuvent être abordés que par les chasseurs de chamois, il n'y a que deux passages possibles pour descendre des Alpes dans la vallée d'Aoste : le col du Grand Saint-Bernard, et celui du Petit Saint-Bernard qui est d'un accès bien plus facile. Toutes les localités décrites, depuis le passage du Rhône, par les historiens d'Annibal, Polyte, Tite-Live... etc., s'appliquent assez exactement à la vallée de l'Isère, et surtout à la Tarentaise (2), qui conduit nécessairement au Petit Saint-

---

(1) Donas est une petite ville du duché d'Aoste, située sur la Doire un peu au-dessous du fort de Bard.

(2) L'une des huit provinces du duché de Savoie, dans laquelle l'Isère prend sa source.

Bernard, et nullement au Grand, que l'on ne pourrait rejoindre qu'en tournant la vallée de CHAMOUNI. Ajoutez enfin que des fouilles effectuées au Petit Saint-Bernard, pour améliorer le chemin, ont fait retrouver plusieurs médailles carthaginoises; et ceux qui auront suivi avec attention cette digression trop sérieuse et trop longue peut-être, conviendront qu'elle doit résoudre la question. On ne sera donc plus surpris que l'opinion de *notre* Anglais soit devenue la mienne (s'il m'est permis toutefois d'en émettre sur un aussi grave sujet) et pour terminer, je renverrai ceux de mes lecteurs qui voudront l'approfondir, aux écrits de MM. BRÉVAL, DELUC, BARTOLI, DE LA NAUZE, le père BECCARIA et le général MELVILLE, qui font aussi passer Annibal par le Petit Saint-Bernard. Toujours est-il au moins que l'inscription trouvée par LUITPRAND à DONAS rend impossible son passage par le MONT-CENIS, comme l'ont prétendu MM. Simler, Grosley, Alex. Dumas, etc., ou par le Mont-Genèvre, suivant les recherches du chevalier Folard.

Maintenant revenons sans plus tarder à notre couvent, dont nous voilà déjà bien loin. Le Grand Saint-Bernard est situé entre les vallées d'Entremont et d'Aoste, dans la chaine des Alpes, qui s'étend au midi de la Suisse, depuis le Mont-Blanc jusqu'au Saint-Gothard, et sépare le Valais du Piémont. La hauteur absolue du col est de deux mille cinq cent cinquante-six mètres; un peu au-dessous, et du côté du nord, on voit l'habitation la plus élevée de l'Europe, le célèbre hospice situé sur les bords d'un petit lac dont les eaux, complètement gelées pendant neuf ou dix mois de l'année, conservent toujours une teinte verdâtre. Il est dominé à l'est par le mont Vélan qui a trois mille quatre cent quarante-deux mètres d'élévation au-dessus du niveau de la mer, et plus loin à l'ouest par le pic de Dronaz qui en a trois mille. —Saint-Bernard de Menthon (ainsi nommé parce qu'il naquit au château de Menthon près d'Annecy) jeta en 968 les fondations des hospices du Grand et du Petit Saint-Bernard; deux ans après, il y établit les chanoines réguliers de Saint-Augustin, pour les desservir, leur imposant de consacrer leur vie à recevoir gratuitement tous les voyageurs sans aucune distinction de rang, de pays ou de religion! Jusqu'à ce jour les successeurs de Bernard ont noblement et courageusement pratiqué la sublime mission qui leur fut léguée par l'illustre archidiacre d'Aoste!

De nos jours, la congrégation de ces dignes religieux se compose de trente à quarante membres, à la tête desquels sont: un prévôt, un prieur, un procureur, un sacristain, un clavandier, un infirmier et un bibliothécaire. Le prévôt est élu à vie par les religieux; il est crossé, mîtré, et ne dépend que du saint-siége. Le clavandier est chargé de recevoir les voyageurs de distinction, et de faire la quête annuelle dans toute la Suisse. Cette quête est à peu près aujourd'hui la seule richesse du couvent ; il est vrai qu'elle est en général considérable. La ville de Genève se distingue entre toutes par ses largesses : son offrande s'élève annuellement à plus de deux mille fr. Ces religieux sont aussi chargés de desservir l'hospice que l'on trouve au sommet du Simplon ; mais la fatigue et la rigueur excessive du climat, particulièrement au Grand Saint-Bernard, les obligent souvent à descendre, pendant une année entière, à l'abbaye de Martigny (siége de la congrégation) pour rétablir leur santé délabrée : de tristes expériences ont prouvé maintes fois que l'homme le plus sain et le plus vigoureux ne peut résister plus de dix ou douze ans au climat du Grand Saint-Bernard ! Et cependant pour consacrer leur existence à secourir chaque jour, au péril de leur vie, celle de leurs semblables, quelques-uns de ces hommes ont renoncé aux plus brillantes positions sociales! A Dieu seul, il peut appartenir de récompenser ce dévouement sans bornes!!

L'on comprendra maintenant pourquoi ce passage des Alpes est de tous le plus fréquenté, même au fond de l'hiver. Indépendamment des secours de tout genre prodigués au piéton nécessiteux, ce chemin est de beaucoup le plus court, pour se rendre de France en Italie; aussi est-il franchi, chaque année, par dix mille étrangers, ouvriers pour la plupart qui vont offrir leur industrie au plus payant. Le domestique, qui serait surpris demandant ou acceptant la plus petite somme, serait chassé sans rémission; un tronc, placé dans la chapelle, reçoit les dons volontaires des voyageurs opulents, et nous n'avons pas besoin de dire que la plupart se font un devoir de payer largement pour eux et quelques-uns de leurs successeurs. Du reste, les dépenses de cet utile établissement doivent être très considérables : si un étranger y arrive malade, il est soigné jusqu'à son parfait rétablissement ; s'il n'est que fatigué, il peut séjourner pendant trois jours, au bout desquels on lui donnera un franc cinquante pour gagner le village le plus proche. Joignez à cela que seulement l'approvisionnement de bois emploie, pendant trois ou quatre mois de l'année, vingt mulets, qui ne peuvent apporter chacun qu'un léger fardeau venant quelquefois de huit myriamètres, et par des sentiers dans lesquels nos meilleurs chevaux ne pourraient faire cinquante pas, sans rouler dans les abîmes qui les bordent.

Pendant six mois de l'hiver, deux domestiques de confiance appelés MARONIERS partent de l'hospice, à midi précis, accompagnés chacun de *deux grands chiens*, qui ont conquis à leur espèce une réputation européenne, et vont, tous les jours, à la rencontre des voyageurs, l'un sur le versant de la Suisse, l'autre sur celui d'Italie. Ils portent avec eux des vivres, du vin...... etc. S'ils ne sont pas revenus vers trois heures..... plus de doute, des voyageurs sont en péril dans la montagne. Aussitôt, quelque temps qu'il fasse, tout s'ébranle au couvent, les religieux se mettent en marche dans la direction du retardataire, munis de tout ce qui peut rappeler à la vie des malheureux ensevelis sous la neige, ou gelés par le froid; on emporte des lanternes et des torches pour éclairer tous les gouffres; le reste des chiens guide le convoi, et l'on ne revient presque jamais sans avoir arraché à une mort certaine ceux qui croyaient n'avoir plus de secours à attendre que de Dieu! C'est ici le cas de faire connaître au lecteur les chiens justement célèbres du Grand Saint-

Bernard.

Peut-être la passion du merveilleux a-t-elle entraîné trop loin quelques-uns de leurs admirateurs. Ainsi, vous les avez vus *représentés* parcourant *seuls* la montagne, couverts d'un manteau qu'ils semblent prêts à jeter sur les épaules du premier passant qui leur dira : J'ai froid ! — Une gourde pleine de spiritueux est suspendue à leur collier..... et les plus hardis n'ont pas craint de leur affourcher un enfant sur le dos. Ceci est peut-être fort joli ; mais en vérité c'est une *charge* d'artiste bien faite pour servir de pendant à *certaine blague pour les Parisiens*. Jamais les chiens du couvent ne sont envoyés *seuls* à la rencontre des voyageurs. — D'une très grande taille, ils nous ont paru se rattacher à la race croisée du dogue et du mâtin. Rien de plus beau que leurs énormes pattes, dont les muscles sortis décèlent toute la vigueur ; l'exercice continuel qui leur est imposé les préserve sans doute de cette lourde obésité qui déshonore les plus beaux chiens parvenus à un certain âge : ils forment certainement aujourd'hui une magnifique race à part ; et le moindre d'entre eux est capable d'étrangler un loup, en quelques minutes. Dans l'origine, les religieux ne cherchèrent à se les procurer que pour leur défense personnelle ; car il s'est trouvé, au moyen âge, des scélérats assez infâmes pour dévaliser cet asile hospitalier !! Aujourd'hui, les huit chiens du couvent dévoreraient vingt hommes qui ne les recevraient pas à bout portant par un feu de peloton. — Du reste, ils sont si bien acclimatés, au milieu de leurs frimas, qu'ils dépérissent partout ailleurs. A notre arrivée, pour échapper à cette chaleur de huit degrés et demi qui nous faisait presque grelotter vêtus que nous étions pour le soleil d'Italie, ils étaient tous couchés haletants sur les dalles humides du sombre corridor qui partage le rez-de-chaussée de l'hospice.

De riches Anglais ont tout mis en œuvre pour transporter cette belle race chez eux, mais sans le moindre succès. Essayaient-ils d'emporter en traversant l'Europe, un chien de trois mois qu'ils payaient trois cents francs, ils obtenaient, au bout d'un an... un superbe roquet *pur sang !* Achetaient-ils vingt-cinq louis un chien de quatre ans, il devenait en six mois, dans leur île, un pauvre animal, triste, stupide, puis enfin étique ! Eh ! pourtant il est impossible de rencontrer un quadrupède qui puisse surpasser la merveilleuse intelligence des chiens du Saint-Bernard.

Pendant l'hiver, les sentiers aboutissant au sommet du col se trouvent souvent ensevelis sous une couche de neige qui a huit ou dix mètres d'épaisseur, et un ou deux kilomètres de long, suivant le développement des avalanches incessamment précipitées des sommets du Vélan. Comment alors se hasarder dans la montagne, la connût-on depuis vingt ans? Aucune trace, aucun indice, pas un point de direction possible..... la neige partout..... la neige tombant par flocons, et qu'un vent glacial fouette dans vos yeux aveuglés..... la neige nivelant toutes les formes autour de vous, sous un vaste linceul!! Mais écoutez..... le silence sépulcral de ces affreuses solitudes vient d'être troublé par le son d'une cloche; le beffroi du couvent a frappé douze coups!—Voyez, la grand'porte s'ouvre aussitôt; les deux Maroniers, après s'être serré la main, commencent hardiment, chacun dans sa direction, leur courageux pélerinage, au milieu des précipices béants et cachés sous leurs pas.— Rassurez-vous cependant, et fiez-vous, comme eux, à la pénétration extraordinaire des deux guides à quatre pattes qui marchent devant eux, ceux-ci ne s'égarent *jamais*, entendez-vous? *jamais* du sentier, dont il ne reste aucun vestige ; s'ils sentent, sous leurs pas, que la neige n'est pas encore solidifiée, ils font un détour et regagnent bientôt leur piste!! Pourquoi? comment? est-ce l'odorat? est-ce..? etc. Demandez à Dieu qui l'a voulu ainsi. Quant à moi, je ne me charge pas d'expliquer ce fait incontestable, assez prodigieux en lui-même, ce me semble, pour dispenser nos romanciers de l'exagérer encore, en les faisant marcher *seuls* à la rencontre des voyageurs.

Chaque MARONIER est toujours, en hiver, précédé de deux chiens ; un jeune, et un vieux lui servant d'instituteur, pour développer son instinct naturel ; et le pressentiment du danger est tellement puissant chez eux, que ces jeunes chiens, qui jouent autour de l'hospice comme des enfants dans la neige, lorsqu'il fait beau temps, deviennent sérieux et attentifs, aussitôt qu'ils éclairent la route de leur

Maronier. Ajoutons enfin qu'ils savent s'éloigner du sentier lorsqu'ils *sentent*, à une certaine distance, un étranger égaré ou enseveli dans les neiges ; on en a vu souvent s'écarter de leur piste avec obstination, malgré les coups du Maronier qui cherche à les y faire rentrer, et finir par les conduire près d'un voyageur sauvé par eux.

Nous en sommes convaincu, le lecteur ne sera plus surpris de voir les chiens du Saint-Bernard occuper une si longue page dans nos Souvenirs. Leur sort est tellement lié à celui du couvent, qu'on en laisse à Martigny un petit nombre, pour conserver leur race, dans le cas où les autres viendraient à périr sous des avalanches ; en outre, on a bien soin d'élever de jeunes chiens, de manière à ce qu'il y en ait toujours huit en état de faire un bon service. —Jusqu'ici la meute du Grand Saint-Bernard ne paraît pas apprécier tous les avantages du gouvernement constitutionnel représentatif; elle est régie, tant soit peu despotiquement, par un roi qui se décerne à lui-même la couronne avec force coups de dents; *règne et gouverne* sans contrôle sur la marmite et autres dépendances; et, pour se distraire du fardeau administratif, s'adjuge les faveurs de ses plus jolies sujettes. Cette plaisanterie devient quelquefois aussi sérieuse qu'elle est exacte. La meute obéit en effet aux lois du chien le plus fort, qui se sert le premier partout; mais arrive le moment où un jeune chien commence à tenir tête au roi qui vieillit; dès-lors, ce sont des luttes de tous les instants, jusqu'à ce que l'un des deux soit étranglé, ou donné dans les environs; luttes sanglantes pendant lesquelles le reste de la troupe forme le cercle comme les Grecs et les Troyens autour des héros d'Homère, et qu'aucun domestique ne se hasarderait à interrompre.—De nos jours, les rois détrônés se rencontrent partout, et notre main plébéienne a eu l'insigne honneur d'offrir un os de poulet à un ex-potentat du Saint-Bernard, à l'auberge de Saint-Rhémi. Sa Majesté n'avait plus dans la gueule que quelques chicots brisés, nobles débris qui attestaient les combats à outrance livrés à l'usurpateur. Elle nous parut d'ailleurs supporter son exil avec une résignation toute philosophique ; elle semblait heureuse qu'à travers tant de révolutions, le sceptre ne fût pas encore sorti de la famille. Est-ce réellement une consolation !....

Malgré le dévouement des religieux, la vigilance des Maroniers et l'étonnante sagacité des chiens du Saint-Bernard, il arrive parfois des malheurs en traversant cette périlleuse gorge des Alpes. En 1820, une femme qui portait un jeune enfant n'ayant pu arriver de jour à l'hospice, passa la nuit dans une maison de refuge (1) où on les trouva gelés le lendemain. Nous la *reverrons* bientôt. Au mois de janvier 1822, deux hommes ayant eu la témérité d'entreprendre ce passage par un très mauvais temps, périrent victimes de leur obstination. Mais le malheur le plus récent (ceci a été écrit en 1836) que l'on ait eu à déplorer, c'est la catastrophe du 7 septembre 1825. Dans ce jour de funèbre mémoire, un voyageur, un Maronier et un jeune chien, deux domestiques du couvent périrent entrainés par une avalanche si terrible que l'on ne put retrouver leurs cadavres que six mois après! Du reste, les époques où les avalanches sont le plus à craindre sont le mois de septembre, parce que la neige n'est pas encore gelée ; et surtout les mois

(1) Il y en a deux du côté de la Suisse, entre Saint-Pierre et le couvent, et une seule du côté de l'Italie ; les voyageurs, surpris par une tourmente peuvent y chercher un asile momentané.

d'avril et de mai, parce qu'elle fond très rapidement.

Le père Barras voulut nous conduire lui-même à la chapelle dont la coupe ne manque pas d'élégance. Elle fut ajoutée à l'ancien édifice en l'année 1686; nous y remarquâmes un beau jeu d'orgues, et à gauche, en entrant, un tombeau en marbre d'une noble simplicité, sur lequel nous lûmes, avec émotion, cette laconique inscription, éloquente à la manière de Sparte :

A DÉSAIX,
MORT A LA BATAILLE DE MARENGO.

Ce tombeau fut élevé à la mémoire d'un de nos meilleurs généraux par Napoléon, premier consul; il renferme les manes de notre brave compatriote.

De là, nous visitâmes la grande morgue du Saint-Bernard, vaste sépulcre bâti à cent mètres du couvent, et où sont entassés les restes de tous ceux qui ont péri dans la montagne, depuis huit siècles. L'air est tellement vif, au sommet de ce passage, que les traits de ces malheureuses victimes peuvent se reconnaître au moins un an ou deux, pendant lesquels les chairs se dessèchent insensiblement, sans odeur ni la moindre corruption. Dans cet état, elles ressemblent à des momies égyptiennes bien conservées : ce n'est qu'au bout de vingt-cinq ou trente ans qu'elles finissent par tomber en poussière. Voici comment Alex. Dumas décrit la grande morgue du Saint-Bernard ; cette belle page, connue sans doute d'un grand nombre de nos lecteurs, sera relue avec plaisir par tous :

« Qu'on se figure une grande salle basse et cintrée de trente-cinq pieds carrés à peu près, éclairée par une seule fenêtre, et dont le plancher est couvert d'une couche de poussière d'un pied et demi.

« Poussière humaine !

« Cette poussière qui semble, comme les flots épais de la Mer morte, rejeter à sa surface les objets les plus lourds, est couverte d'une multitude d'ossements.

« Ossements humains !

« Et sur ces ossements, debout, adossés aux murs, groupés avec la bizarre intelligence du hasard, conservant chacun l'expression et l'attitude dans laquelle la mort les a surpris, les uns à genoux, les autres les bras étendus ; ceux-ci les poings fermés et la bête baissée, ceux-là le front et les mains au ciel ; cent cinquante cadavres, noircis par la gelée, aux yeux vides, aux dents blanches, et au milieu d'eux une femme (1), une pauvre femme qui a cru sauver son enfant en lui donnant son sein, et qui semble, au milieu de cette réunion infernale, une statue de l'amour maternel. »

(1) La malheureuse mère de 1820.

Cette description fort exacte dont j'avais gardé le souvenir, amena naturellement la conversation sur Alex. Dumas, que le père Barras se rappelait parfaitement avoir reçu trois ans auparavant, non pas au milieu de la nuit, et d'une façon que notre romancier a eu le talent de rendre si dramatique, mais à midi, par un soleil aussi radieux qu'il puisse briller sur les vitraux de l'hospice. Comme vous le voyez, l'auteur d'*Antoni*, dans ses voyages alpestres, a largement usé des prérogatives du poète!

Au moment où nous allions rentrer au couvent, nous vîmes poindre à notre droite, dans le sentier escarpé conduisant à Martigny deux jolis petits chapeaux de femme, qui semblèrent, pendant quelques secondes, s'avancer vers nous, sous l'impulsion d'esprits invisibles, sylphes ou lutins. Cette apparition, aussi gracieuse pour nous qu'inattendue, était le commencement d'une caravane composée d'un jeune lord anglais, de son frère, de deux sœurs un peu plus âgées, de deux guides et de deux mulets servant de monture à ces dames. Pour célébrer son an de majorité, qui venait de le mettre en possession de deux cent mille francs de rente, il avait voulu, comme fiche de consolation, offrir aux siens *un tour d'Europe*, dont il faisait les frais avec une morgue tout aristocratique et peu française. Aussi parut-il trouver très bon l'empressement avec lequel nous nous avançâmes vers ses compagnes, pour leur aider à mettre pied à terre, pendant qu'il concentrait, ainsi que son frère, toute son attention sur les chiens qui bondissaient en caressant de vieux amis, dans les guides de Martigny.—Enfoncés, depuis quinze jours, au milieu des gorges les plus sauvages des Alpes, nous n'avions aperçu que les physionomies mâles et barbues de quelques montagnards (le lecteur ne voudra sans doute pas nous compter comme dédommagement les hideux visages de la population d'Aoste); la vue d'un pied mignon, ces robes de soie, cette peau blanche et satinée nous produisirent donc une impression que je n'essaierai pas de décrire; et, pour ma part, lorsqu'une petite main potelée vint prendre son point d'appui dans la mienne, pour descendre de mulet, je crus, en vérité, toucher une main de femme pour la première fois! Notez bien, je vous prie, que si je raconte mes impressions peut-être trop naïvement, je n'invente rien.—Bref, ces deux Anglaises qui nous parurent ravissantes au sommet du Saint-Bernard, n'auraient peut-être pas attiré l'un de nos regards sur le boulevart des Italiens.....

Ces dames nous valurent les honneurs de la salle à manger, le seul appartement du couvent qui soit doté d'une cheminée. Les chambres des voyageurs n'en ont pas; les cellules des religieux sont toutes chauffées au moyen d'un calorifère, et un grand poêle échauffe le réfectoire où les étrangers mangent avec les moines (ainsi le veut la règle) toutes les fois qu'il n'y a pas de femmes, ce qui est le plus ordinaire. Aussitôt qu'il arrive des dames, un feu continuel pétille dans la grande cheminée de la salle à manger, servant aussi de salon; et l'on voit que, sous tous les rapports, il est heureux de se rencontrer au couvent avec elles.—Nos Anglaises se retirèrent un moment pour réparer le désordre de leur toilette; nous déployâmes, dans la nôtre, tout le luxe possible, à savoir: une cravate de satin et des gants jaunes, articles légers, faciles à placer dans un sac et qui suffisent, dans les montagnes, pour faire admettre partout la blouse du gentleman voyageant pour son plaisir. En attendant l'heure du diner, l'aînée des deux sœurs ouvrit un piano à *cinq octaves*, qui n'est pas l'ornement le moins étonnant d'un salon situé à deux mille cinq cent cinquante mètres d'élévation, et mit une recherche pleine de tact à nous jouer tantôt de la musique anglaise, tantôt *les motifs* si connus de *la Dame-Blanche*, de *la Muette*.... etc. Les sons maigres et courts de ce mauvais *clavecin* nous semblèrent capables de renouveler les miracles de la lyre d'Orphée, et d'agiter les gigantesques rochers du Vélan. Il n'en fut rien cependant, et bientôt le père Barras vint nous faire les honneurs d'une table copieusement servie.

Lorsque des dames franchissent le Grand Saint-Bernard, le Clavandier peut seul présider à leurs repas; le père Barras s'acquitta de ces fonctions avec toute l'aisance d'un homme qui a beaucoup connu le grand monde; ses manières distinguées le mettent à même de recevoir dignement les étrangers du plus haut rang qui, pendant la belle saison deviennent parfois ses hôtes. Deux bouteilles de vieux vin français apportées au dessert, donnèrent à nos dames le signal de la retraite, suivant les usages anglais, que je comprends mais seulement lorsque les hommes ont l'habitude de se faire ramasser sous la table. Quelques verres d'un vin généreux avaient mis le père Barras en verve; j'amenai insensiblement la conversation sur le passage du Saint-Bernard par l'armée française..... Les deux Anglais, prévoyant que *John Bull* n'aurait pas les honneurs de la soirée, disparurent l'un après l'autre; et bientôt serrés tous les trois, devant le brasier de la cheminée, autour d'un témoin oculaire de ce glorieux exploit, nous en écoutâmes avidement les moindres détails.

Ce fut au commencement de mai 1800 que le premier consul arriva brusquement à Genève, se placer à la tête de l'armée dite de réserve; selon son habitude, ses plans avaient été arrêtés dans son cabinet à Paris: en un mois, il devait surprendre et anéantir l'armée autrichienne au milieu des plaines fertiles de l'Italie. Il est vrai qu'il n'en était séparé que par la chaîne des Alpes où jamais canon n'avait passé ; et que l'époque, choisie par lui, était le moment où la fonte des neiges rend ces défilés impraticables pour de simples piétons..... Mais qu'importait à cette volonté de fer ? Le général Marescot fut chargé de la reconnaissance du Grand Saint-Bernard, et parvint à grand'peine jusqu'à l'hospice.

—Peut-on passer ? lui demanda Napoléon.

—Général, la chose me paraît presqu'impossible.

—Êtes-vous parvenu au sommet ?

—Oui, général.

—Eh bien ! monsieur, l'armée française saura faire comme vous..... Partons !

Le 15 mai 1800, l'avant-garde atteignit le petit village de Saint-Pierre (Valais) sans avoir rencontré de sérieuses difficultés ; mais là commencèrent les obstacles insurmontables, si nos soldats n'eussent pris à cœur de prouver à l'Europe stupéfaite que le mot *impossible* n'était plus français?

Les gargousses, les munitions, les roues, les affûts, démontés pièce par pièce, sont portés à dos de mulet. La hache retentit sans relâche dans les forêts du voisinage : on creuse de gros sapins, dans lesquels on couche nos canons, pour les hisser en traîneau, au sommet des Alpes; quatre-vingts..... cent soldats s'attèlent *à la prolonge* dans des sentiers larges de cinquante centimètres, et bordés de précipices où sont quelquefois entraînées des files entières par les neiges ébranlées qui s'écroulent avec fracas! Aussitôt qu'un sapin est usé on le remplace; des chevaux, des hommes succombent à la peine..... mais rien ne peut résister au premier consul..... Pendant six jours, il est partout, préside à tout, ranime les courages abattus.—Une colonne épuisée et haletante vient-elle à s'arrêter trop longtemps..... il fait battre la charge, et soudain tout s'ébranle aux cris de : vive la France ! mille fois répétés par les échos du défilé.—Le 21 mai, trente-cinq mille Français, suivis de *quarante pièces de canon* et de tous leurs bagages, s'échelonnaient fièrement sur la pente rapide qui domine l'Italie : cette héroïque armée avait employé six jours pour franchir *dix kilomètres*..... la nature était vaincue ; et l'armée autrichienne devait l'être vingt jours plus tard à Marengo !

Touché des soins prodigués à ses soldats par les religieux, Napoléon qui venait de décréter la suppression des couvents, dans nos nouvelles conquêtes, autorisa l'existence de celui-ci par une ordonnance datée du sommet du Saint-Bernard, et lui incorpora les hospices du Simplon, du mont Cenis ainsi que l'abbaye de Saint-Maurice en Valais. En partant, il remit au prévôt

Luder cent louis pour payer les dépenses de son état-major, et un bon de vingt mille francs pour celles de l'armée.—Parvenu au village de Saint-Rhémi, et par conséquent échappé aux derniers dangers, il fut lui-même tellement effrayé de son audacieuse entreprise, qu'il promit solennellement à ses braves artilleurs que désormais leurs canons passeraient les Alpes au trot ! L'année suivante, il fit commencer les travaux de la superbe route du Simplon..... En 1805, notre artillerie parvenait à la hauteur des neiges éternelles par une chaussée taillée dans le roc, large de huit mètres et n'offrant nulle part plus de *trois centimètres* de pente par mètre... c'était une autre manière de vaincre la nature !...

La nuit fut courte et agitée pour moi ; trop d'émotions et de souvenirs de tout genre se pressaient dans mon cerveau pour n'en pas chasser le sommeil. Au point du jour, je m'empressai de recueillir sur mon album tout ce que j'avais vu, lu et entendu..... Vous en connaissez maintenant le résultat. — Avant de serrer une dernière fois la main du père Barras, pendant que Lacroix glissait notre offrande dans le tronc de la chapelle, j'écrivis au nom de tous, sur le registre du couvent : Au voyageur épuisé de fatigues, la noble et bienveillante hospitalité du Grand Saint-Bernard apprend, beaucoup mieux que les calculs scientifiques, combien il s'est rapproché du ciel !

Genève. — Villa de M. Bantte. — Les deux truites de Cambacérès.

Je n'ai pas l'intention de faire ici l'histoire de Genève. C'est une grande et belle ville dont vous lirez en partie la description dans tous les MANUELS DE VOYAGEUR, et je voudrais seulement suppléer à ce que vous n'y trouverez pas; car, je le répète, je désire surtout que mes SOUVENIRS aient, pour le lecteur, au moins l'intérêt de la nouveauté.—En 1834 de nombreux et bons amis m'y avaient retenu près d'un mois; aussi ce fut avec un vrai plaisir que j'en fis connaître à Lacroix toutes les beautés, et ces délicieuses promenades du Bastion, de la Treille, du Saint-Antoine, etc., qui peuvent rivaliser avec celles de Berne pour le charme et le pittoresque des points de vue. Il fut frappé d'un effet d'optique bien extraordinaire, et dont l'illusion complète vient sans doute d'un rapprochement forcé entre les petits ouvrages de l'homme et les grandes œuvres de Dieu! En allant de la rue Verdaine à la place Saint-Antoine, par la rue des Belles-Filles, le mont Salève, avec ses treize cent trente-quatre mètres d'élévation, paraît littéralement avoir pour base les remparts de la ville. Il est vrai qu'il faut deux bonnes heures pour parvenir de Genève au pied de la Croisette, où *commence* la montée du grand Salève... Du reste, à son début dans la carrière, un touriste doit à chaque instant commettre des erreurs pareilles, jusqu'à ce que son œil mieux exercé puisse apprécier les distances énormes qui séparent deux montagnes dont les flancs lui paraissent quelquefois se toucher.

Notre matinée du lundi fut consacrée à visiter la maison pénitentiaire dans ses moindres détails. Depuis, j'ai vu celles de Lausanne, de Berne et notre maison centrale de Beaulieu qui, à coup sûr, est un magnifique établissement; et, je dois l'avouer, rien n'a pu effacer à mes yeux l'excellente administration de la maison genevoise. Cette prison-modèle, construite pour sa destination depuis les fondements, tient le juste milieu entre les deux systèmes qui partagent aujourd'hui les États-Unis sur cette grave question; c'est vous dire que les condamnés passent la nuit dans des cellules solitaires et travaillent en commun pendant le jour. Toute la bâtisse forme un vaste demi-cercle, dont quatre grands ateliers, aboutissant à un point central, vous représentent les rayons. Voilà pour le rez-de-chaussée ; et vous concevez combien, de ce centre, la surveillance est sûre et facile. En outre, des gardiens enfermés dans chaque atelier, sont chargés d'en diriger les travaux et d'y maintenir le silence le plus rigoureux que les condamnés ne peuvent rompre dans aucun moment de leur existence ! Par sa prolongation, ce châtiment devient le plus terrible que l'homme puisse subir ici-bas ; et le sous-directeur m'a affirmé qu'un ex-forçat de Toulon regrettait amèrement, dans cette prison, les punitions corporelles du bagne. Les souterrains contiennent les cuisines et toutes leurs dépendances ; aux étages supérieurs on nous montra les cellules, brillantes de propreté, où tout est prévu et calculé avec une recherche minutieuse de soins. Nulle part vous ne verrez plus d'ordre et d'activité ; on est parvenu à faire envisager *le travail comme une récompense* à deux cents malfaiteurs que l'on punit par l'inaction et la solitude s'ils commettent une faute légère. Voilà certes une belle victoire pour la morale ! Le peu d'étendue de l'établissement et sa forme circulaire ont permis de l'enfermer en totalité dans une double enceinte de hautes murailles, séparées par un chemin de ronde où deux énormes chiens passent leur vie. Aussi n'y a-t-il pas un seul exemple d'évasion dans cette prison. Du reste, loin de moi la pensée d'établir un parallèle entre cette maison et celle de Beaulieu qui peut contenir cinq fois plus de condamnés. D'abord je ne m'attribue nullement les connaissances nécessaires ; et en second lieu, je comprends sans peine que ce qui est très bien en miniature n'est pas toujours possible en grand.

Après cette visite, je fis admirer à Lacroix ces belles constructions qui, depuis dix ans, ont doublé Genève et en ont fait une ville toute neuve, que sa situation, sur le plus beau lac de l'Europe, place, dans les souvenirs du touriste, après Constantinople et Naples. Genève n'est plus réduite aujourd'hui au vieux quartier de la Cité dont les rues enfumées et inaccessibles en voiture à cause de leur pente rapide, sont toujours occupées par l'aristocratie du canton, qui semble vouloir y conserver une position féodale et inexpugnable. Le quartier des BERGUES, la rue de la CORATERIE, les quais magnifiques, qui contiennent maintenant les flots du Léman, peuvent rivaliser avec les quartiers les plus célèbres de nos grandes capitales. Ajoutez à cela, pour comprendre toute la puissance des préjugés, que les heureux habitants des nouvelles constructions sont sur les bords mêmes du lac, et peuvent, de leurs fenêtres, en apercevoir les rives fertiles et riantes pendant plusieurs lieues : aussi plus que jamais Genève est le séjour favori des Anglais (1).

Le nouveau pont, construit au milieu de la ville, présentait de grandes difficultés, parce qu'il est placé à l'endroit où, se

(1) Si cette ville séduit les touristes de toutes les nations, elle offre de nombreuses ressources au voyageur sérieux qui veut y prolonger son séjour. Il y trouvera un jardin botanique; un observatoire avec de précieux instruments ; une bibliothèque publique de cinquante mille volumes ; le musée d'histoire naturelle, un des plus riches du monde en minéraux ; et enfin s'il peut se faire présenter à la société de lecture fondée en 1818, il y trouvera, chaque jour, tous les journaux de l'Europe et entr'autres deux journaux allemands, deux anglais et dix ou douze journaux de Paris. Cette société possède déjà un fonds de bibliothèque de trente mille volumes ; et achète, chaque année, tout ce qui s'imprime d'un peu important. Ses salons sont ouverts depuis onze heures du matin jusqu'à onze heures du soir.

rétrécissant, le lac redevient fleuve et se précipite avec la rapidité d'une flèche. Il se compose d'un grand nombre de piles en granit, jointes entr'elles par de fortes chaînes qui supportent un tablier en bois. Comme solidité, j'ai entendu blâmer ce mode de construction, à cause de l'ébranlement imprimé aux chaines par le trot d'un cheval; aussi est-il expressément défendu de trotter sur le pont neuf.—A propos de ce pont, admirez, je vous prie, la sotte obéissance de la gente humaine aux lois de la mode, ridicules parfois à Genève comme ailleurs! *Il est de rigueur,* tous les soirs, de s'écraser les pieds sur le pont des Bergues où les moustiques du lac vous dévorent; et le bon ton condamne à une solitude complète ces promenades si bien ombragées dont je vous ai parlé. Ne croyez pas que ce soit pour jouir des points de vue du Léman, car nulle part ils ne se présentent mieux que de Saint-Antoine et du bastion de Cornavin. Venez donc me dire, belles Genevoises, que vous allez vous promener... je me permettrai de vous répondre que vous allez *vous faire voir!*

Un vieil ami de ma famille, le général Monfalcon, nous attendait à trois heures rue de la Coraterie, pour nous conduire dans sa calèche, chez M. Bautte, le fameux bijoutier qui, apprenant par le général notre désir de visiter sa maison de campagne à Cologny, avait eu l'amabilité de nous engager à y diner le lundi. Nous fimes presto une toilette de fashionable, parce que c'était le cas; et pendant que nous roulerons sur la rive méridionale du Léman, je vous dirai quelques mots de notre hôte, célèbre à Genève par sa richesse, son originalité et l'affection qu'il a su inspirer à ses nombreux ouvriers.

M. Bautte est un des premiers bijoutiers de l'Europe; il occupe constamment quatre cents personnes, dont quelques-unes gagnent dix francs par jour ; et il jouit d'une grande popularité parmi la classe inférieure qui l'a surnommé le *bourru bienfaisant*. Nous engageons beaucoup nos successeurs à visiter ses magasins et ses ateliers situés rue du Rhône. Ils verront là comment un lingot brut devient, en quelques jours, une chaîne ou une broche du travail le plus fini et le plus irréprochable ; ils verront des montres fabriquées pour la Chine, qui sont aussi grandes et aussi grosses que nous voulons les nôtres petites et plates. Pour les rendre encore plus faciles à loger dans un gousset, la boite est *surchargée* d'ornements relevés en bosse, tels que guirlandes, grappes de raisins... etc. Ceci prouve qu'il ne faut pas disputer des goûts ! A fabriquer ces montres qu'il vend très cher et force parures aussi riches que distinguées, M. Bautte a gagné une fortune considérable qu'il dépense avec bizarrerie.

Sa villa de Cologny, située sur les bords

du lac, au sommet d'un mamelon, est dans une position ravissante ; mais quelle singulière construction ! Tous les bâtiments, d'inégale hauteur, sont ajustés les uns au bout des autres comme par hasard ; la plupart sont en bois. En ouvrant une armoire de salle à manger, vous croyez voir cristaux ou porcelaines... Pas du tout ! vous reculez presque à la vue d'un superbe tronc d'orme, dont la tête sortant du toit ombrage une grande partie de l'édifice, et dont le pied va se perdre en terre au milieu d'une vaste remise (située sous la salle à manger) où l'on a soin de l'arroser une fois par mois. Demandez-vous au propriétaire d'expliquer son caprice ?..... — Ma foi, j'ai trouvé commode de prolonger ma maison dans ce sens-là, et je n'ai pu me décider à faire tomber un aussi bel arbre. —Mais si le vent vous l'abattait sur la tête et la maison avec ? — Ce serait un petit malheur... Notez bien que vous pourriez faire la même question pour cinq ou six autres ormes qui sont dans la même position, et que probablement vous recevriez la même réponse.

Pour le moment, M. Bautte a la manie des voitures; aussi en vîmes-nous douze ou quinze de toutes les formes et de toutes les grandeurs; mais sa dernière emplette, dans ce genre, mérite quelques détails; on nous la montra sous une remise très élevée qu'il a fallu construire exprès au milieu d'un massif. C'est un magnifique *omnibus* dans lequel notre joaillier voiture souvent sa nombreuse famille, en recommandant à son cocher de faire jouer la *musique* placée sous son siége, lorsqu'il traverse les principales rues de Genève. Il peut contenir vingt-trois personnes qui sont traînées par trois gros chevaux bernois. Cet omnibus, doublé en damas de laine croisé, n'a pas coûté moins de dix mille francs dont trois mille donnés à un peintre d'Italie pour représenter, sur les deux côtés, les principaux points de vue du Léman qui sont rendus avec une grande perfection.

Cologny est un village du canton de Genève, situé à trois quarts de lieue de cette ville, sur le bord méridional du lac, à une lieue de Douvaines, premier poste des douanes Sardes: on y parvient par la route de Thonon. Aussitôt nos salutations faites à notre hôte et à sa jolie famille, je m'échappai dans le parc où j'avais hâte de m'égarer *seul*. J'aime beaucoup à me promener et à voir, mais je déteste qu'on me *fasse voir;* parce qu'alors je me trouve obligé de voir par les yeux de mon cicérone : mes impressions ne m'appartiennent plus, elle me sont imposées, et pour moi c'est un vrai supplice!—Que vous dirai-je, à vous tous qui possédez dans notre pays de plaines ce qu'on appelle une *charmante habitation?* Que vous dirai-je du parc de Cologny où je trouvais, à chaque instant, des points de vue ménagés à gauche sur le plus beau lac de l'Europe, à droite sur les montagnes sauvages de la Savoie? Imaginez... rêvez tout ce que l'art peut créer de sites enchanteurs au milieu d'une nature si variée, et vous me dispenserez d'une description bien au-dessus de mes forces! Cependant, pour être vrai, je dois dire que l'originalité du propriétaire perçait encore quelquefois dans la courbe d'une allée brusquement rompue ou quelque chose de semblable; mais vous serez moins surpris sans doute de trouver une impasse dans un parc, qu'un orme dans un buffet de salle à manger!!

Après avoir erré tout à mon aise, j'aperçus dans la partie la plus élevée du terrain une espèce de tour ou de belvédère où je montai bientôt; et cette fois M. Bautte ne méritait que des compliments. Dominant les plus grands arbres, la longue chaîne du Jura se développait devant moi depuis le fort de l'Ecluse jusqu'au Mont-Tendre. Un peu à droite je distinguais le col de la Faucille que vous connaissez, et le point culminant de la Dôle, dont je vous ai raconté l'ascension, à la suite de nos courses dans le canton de Vaud. Au pied du Jura, le riant pays de Gex et les rives helvétiques (1) du Léman qui, depuis la porte de Cornavin jusqu'à Nyon, sont semées, pendant quatre lieues, de maisons de campagne, de jardins à l'anglaise et de superbes palais ; car on ne peut appeler château le palais Bartheloni, dont les mille carreaux étincelaient sous les rayons obliques du soleil. La bâtisse seule de cet édifice a coûté un million cinq cent mille francs au riche banquier qui vient

(1) La rive méridionale du lac de Genève appartient au roi de Sardaigne, et toute la rive opposée à la Suisse.

de le faire construire : aussi je vous engage beaucoup à faire de votre fils un banquier.— A gauche, Genève s'échelonnait en amphithéâtre sur la colline de Saint-Pierre et semblait montrer à l'avant-garde le magnifique hôtel des BERGUES, dont elle est fière à juste titre. Combien la scène changeait en me retournant ! Je n'apercevais dans toutes les directions que les pics noirâtres de la première ligne des Alpes, dont les plus éloignés paraissaient plier sous les flancs supérieurs et neigeux du colossal Mont-Blanc ! Ainsi, derrière moi, solitude et désolation... devant moi, industrie, beaux-arts... tous les charmes de de la vie, transportés sur les bords tant vantés du Léman !! Ah ! M. Bautte, votre belvédère prouve que vous êtes un vrai philosophe..... Pour moi, je n'oublierai jamais les émotions douces et profondes qui vinrent m'y captiver !...

Vous comprendrez maintenant pourquoi

les rives fertiles du lac de Genève ont été habitées par les grands génies de chaque siècle, et ont inspiré à quelques-uns leurs plus belles pages. De mon belvédère j'apercevais Diodati, illustré par le séjour de lord Byron, avant qu'il ne fût offrir son sang aux Hellènes, et mourir pour la liberté aux acclamations de la Grèce régénérée ! de lord Byron qui nous a valu ces beaux vers de Lamartine :

Borné dans sa nature, infini dans ses vœux,
L'homme est un Dieu tombé qui se souvient des cieux !

J'apercevais Copet et le château de madame de Staël qui a trop souvent oublié qu'elle était femme, sans pouvoir le faire oublier à ses lecteurs. C'est à Copet qu'elle a passé une grande partie de son exil, embelli par les *soins assidus* du comte de Rébecque, plus connu sous le nom de Benjamin Constant. Cet écrivain distingué, né à Genève en 1767 et naturalisé Français en 1796, devint, sous la restauration, l'un des plus fermes soutiens du *côté gauche.*

Enfin, j'apercevais l'île de J.-J. Rousseau et le sommet du château de Voltaire à FERNEX. Voltaire et Rousseau... ces deux rivaux immortels dont les écrits sont si différents ! L'un séduit l'esprit, l'autre parle toujours au cœur ; on rit avec Voltaire, on pleure avec Jean-Jacques ! O vicissitudes humaines..! Genève, si fière maintenant d'avoir donné le jour à Rousseau, le bannit de son sein en 1762, et fit brûler ses ouvrages sur la place publique... Aujourd'hui, elle vient de lui élever une statue en bronze dans l'île des Peupliers, en face l'hôtel des BERGUES ! Mais cette éclatante réparation s'est trop fait attendre ; le philosophe indigné s'était écrié, à l'exemple de Thémistocle : Ingrate patrie tu n'auras pas mes os ! Il a tenu parole... Ses cendres reposent à Ermenonville, dans une autre île des Peupliers !

Mais j'oublie mon sujet en écrivant, comme je m'oubliai en rêvant au sommet du belvédère de M. Bautte; fort heureusement quelques minutes avant six heures le beffroi du castel vint me rappeler que la nourriture de l'ame ne suffit pas. Les partisans du *système des compensations* trouveront sans doute que le somptueux repas de Cologny nous était dû, à titre de dédommagement, pour nos *trente œufs durs* du Motet; le fait est que la civilisation... et la cuisine genevoise ont bien leur mérite ! — J'étais placé à table entre M. Rossele, gendre de M. Bautte, et le docteur S....., oculiste renommé. Après un premier service plus que *confortable*, nous vîmes apparaître une superbe truite qui dépassait les deux extrémités d'un long plat d'argent; je me crus obligé de féliciter mes deux voisins sur les belles productions de leur lac...—Certainement, me répondit le docteur, ce poisson est fort beau, mais vous ne savez pas ce dont le Léman est capable quand il s'en mêle ; il nous a donné autrefois *des truites historiques.*—Sans aucun doute, ajouta M. Rossele, et si le docteur est en verve, tâchez qu'il vous dise cette histoire après dîner, car il la raconte à merveille.

Je n'eus garde d'oublier cette recommandation, et vers huit heures, après avoir laissé savourer à M. S..... sa tasse de moka, je pris un son de voix tout gracieux pour lui demander le sacrifice de sa partie de whist ; l'aimable vieillard me regarda en souriant ; je fis signe à Lacroix, nous laissâmes chacun se caser à sa guise, les uns près du piano, les autres autour des tables de jeu, puis le docteur s'appuya sur mon bras, et nous nous dirigeâmes, sans mot dire, du côté du parc.

— La soirée était délicieuse ; c'était une de ces belles nuits d'Italie qui passent quelquefois les Alpes en faveur de la Suisse, mais jamais le Jura. Le mélancolique soleil de la nuit brillait au firmament étincelant d'étoiles ; une douce brise venait nous apporter les parfums balsamiques des serres de M. Bautte ; un air frais et vivifiant remplaçait insensiblement la chaleur lourde et étouffante du mois d'août... Oh ! nos plus beaux jours de printemps ne vaudront jamais ces nuits d'Italie que nous ne connaissons pas en France ! Nous pénétrâmes sous un épais massif qui servait de salle de récréation aux jolis enfants de madame Rossele, et assis sur trois siéges rustiques, nous fûmes bientôt tout oreilles.

Je ne vais pas me rajeunir à vos yeux, mes jeunes amis, nous dit le docteur S..... ; mais mon front chauve et mes rares cheveux blancs vous ont sans doute déjà mis dans ma confidence. Cette histoire est plus vieille que vous, car elle commence avec notre siècle ; et je désire que les charmes de cette soirée vous empêchent de la trouver trop longue.

Au mois de juillet 1800, un pauvre pêcheur de ROLLE gagna, d'un seul coup, le pain d'une année entière pour lui et toute sa famille. Dans une de ces nuits orageuses, où l'eau du Léman semble tiède, il prit, en une heure, deux truites énormes, telles que depuis on n'a rien vu de comparable; celle dont vous faisiez à notre hôte des compliments mérités, n'aurait paru que du fretin à côté. Vous, *jeunes-frances*, vous pourriez aujourd'hui qualifier cette capture en deux mots: *truites monstres!* — J'ai su autrefois quel était le poids exact de ces monstres, mais ma mémoire n'est plus très fidèle; et je ne vous en dirai rien pour ne pas vous entendre crier à l'exagération (1). Le bon homme plaça, à grande

(1) Nous devons en convenir, nous prêtons ici au docteur S.... une phrase qui ne lui appartient pas, car c'est nous qui avons oublié le poids des deux

peine, sa pêche dans ses réservoirs sur les bords du lac; et, sûr de l'y retrouver pleine de vie à la première réquisition, il attendit.... après avoir consacré son heureux filet à la vierge de THONON.

Les cent bouches allégoriques de la Renommée sont une grande vérité; aussi cette nouvelle fit-elle bruit à Genève dès le lendemain. Les CONSEILLERS D'ÉTAT l'apprirent par l'AUDITEUR DE SEMAINE (1), ceux-

truites, cité par lui. Au lieu d'en inventer un qui serait peut-être au-dessous de la vérité, nous nous contenterons de rappeler au lecteur que tous les journaux ont rapporté l'année dernière que l'on venait de pêcher, dans le lac du Bourguet, une truite qui ne pesait pas moins de *quarante-cinq livres!*

(1) Toute la police de Genève est confiée à quatre jeunes magistrats appelés AUDITEURS, qui sont de service ou de semaine alternativement; et nulle part je ne l'ai vue mieux faite. L'AUDITEUR cumule, dans beaucoup de circonstances, nos fonctions de procureur du roi, de commissaire de police et de juge de paix; c'est le premier échelon de la magistrature genevoise.

ci en informèrent les SYNDICS qui jugèrent la chose assez grave et assez heureuse pour envoyer officiellement visiter nos captives. Après cette examen, les deux truites furent achetées au poids de l'or par la ville de Genève qui ne place jamais son argent qu'à gros intérêt, soyez-en persuadés; et vous allez voir comment se tiennent les petits accidents et les grands événements. Ah! pauvre diplomatie, qu'il faut souvent peu de chose pour assurer le succès ou la défaite de tes plus savantes manœuvres!

Votre jeune république, tout en faisant proclamer *les droits de l'homme*, respectait peu *le droit des gens;* et elle avait jugé à propos de s'emparer d'une ville qui passait avec raison pour l'une des plus riches de l'Europe, probablement pour pratiquer le mépris des richesses qu'elle venait de mettre à l'ordre du jour! Depuis 1798, nous avions donc l'honneur d'être Français par le droit du plus fort, et, ne vous en déplaise, c'est un honneur dont nous nous serions passés volontiers, au moins pour deux raisons : 1° vos gouvernements, même au meilleur marché possible, sont affreusement chers ; et chez nous le mot *impôt* est rayé du dictionnaire ; 2° tous les produits de nos fabriques d'horlogerie et de bijouterie, que l'on s'arrachait en France, lorsque des contrebandiers risquaient leur vie pour leur faire franchir votre triple ligne de douanes, furent sans valeur aussitôt qu'on les vit arriver par le roulage... A ce trait, vous reconnaîtrez facilement vos séduisantes parisiennes ; dignes filles de notre première mère, elles ne sauront jamais résister aux charmes du *fruit défendu !*—Il devenait urgent de trouver un remède à cette position critique ; et depuis six mois notre chargé d'affaires sollicitait en vain un secours extraordinaire pour empêcher la ruine de notre principale industrie, lorsque survint cette pêche miraculeuse... Or, notre premier SYNDIC (1), diplomate fort habile, qui avait beaucoup connu Cambacérès à Paris, pensa que s'il était imprudent et trop coûteux d'acheter cent mille francs l'appui du second consul, il était très facile de l'influencer en lui offrant un cadeau digne *du Lucullus des temps modernes*. Le consul ne pouvait pas résister : l'homme était pris par son faible.

Du reste, on fit les choses grandement ; nos CONSEILLERS votèrent, à huis-clos, dix mille francs pour acheter les truites et les transporter *vivantes* à Paris. En deux jours et autant de nuits on fabriqua un long charriot suspendu sur ressorts, qui contenait trois réservoirs doublés en plomb.

(1) En 1800, Genève, quoique réunie à la France, avait cependant conservé son mode de gouvernement ; ce ne fut qu'en 1804, lors de la fondation de l'empire, qu'elle devint préfecture du département du Léman.

Celui du milieu, triple des autres, devait être rempli d'eau du lac et de blocs de glace pour la conserver pure plus longtemps; il communiquait avec chacun des autres, par un robinet qui permettait d'en renouveler l'eau en partie. Dans ceux-ci, une soupape inférieure vidait l'eau dès qu'elle commençait à se corrompre. Je n'ai pas besoin de vous dire que les encoignures de ces deux derniers logements étaient moëlleusement arrondies.—Ainsi, vous connaissez les deux chambres de nos genevoises que l'on faisait voyager séparément pour raisons de santé... En avant de cet immense charriot, surmonté d'une double toile destinée à le garantir de l'ardeur du soleil, on voyait une espèce de loge à chien ouverte de tous côtés à la pluie et aux vents. Oh! celle-ci n'avait pas coûté cher; on ne l'avait pas rembourrée, je vous en réponds! A quoi bon? elle ne devait servir d'asile... qu'à un homme!

Pardon, mes jeunes amis, si j'entre dans ces détails qui vous paraissent peut-être fastidieux ; mais c'est que, selon moi, le philosophe observateur sait trouver des enseignements partout. D'ailleurs, ne pensez pas que je veuille ici dénigrer mes compatriotes ; non, je suis de ceux qui ont pour devise : « mon pays avant tout »; mais, croyez ma vieille expérience, à Londres, à Berlin, ont n'eût pas agi autrement qu'à Genève !

Laissons donc voyager en poste et avec *double frais de guides*, le présent de notre république qui, pendant sa longue route, a dû passablement intriguer par sa forme peu commune, les fortes têtes des localités qu'il a traversées. Abandonnons à la curiosité publique ce logogriphe ambulant qui a sans doute fait faire les cancans les plus prodigieux, les suppositions les plus saugrenues... Je parie que les plus fins n'ont pas trouvé le mot de l'énigme ! Quant à nous, qui le connaissons, transportons-nous à Paris d'une enjambée.

La fin du xviiie siècle avait vu décider les destinées de la France. Au milieu des saturnales du directoire, bien incapable de maîtriser les suites d'une révolution qui venait d'ébranler le monde, surgit tout-à-coup un génie puissant, *l'homme-dieu* de Lamartine qui, saisissant le sceptre de sa main de fer, dit à la grande nation : *Tu n'iras pas plus loin!!* Le 18 brumaire mit un frein à l'anarchie ; il devait consolider chez vous une liberté si chèrement conquise. Oh! jusque-là que Bonaparte était grand !.. Avec l'ordre et la sécurité, tout renaissait à la joie et aux plaisirs ; le caractère français reprenait le dessus et voulait se dédommager en quelques mois, de dix années de sang et de massacres.—Partout s'effaçait la rude égalité de 93 ; partout on recherchait quelques rares modèles de votre antique et célèbre urbanité ; et, profitant de l'occasion pour afficher ses goûts, un jeune législateur, l'élégant Cambacérès, second consul de la nouvelle république, étala bientôt dans Paris un faste princier. Ses magnifiques salons devinrent trop petits pour contenir tous ceux qui se précipitaient avec frénésie au milieu des ses fêtes somptueuses et de ses festins qui absorbaient les productions les plus rares de la France... Bref, à cette époque, il passait, à juste titre, pour le premier gourmet de l'Europe. Déjà, sous le directoire, le *beau* Barras *mangeait :* aujourd'hui Cambacérès *savait manger...*

Vous comprenez maintenant toute l'importance du service que venait de nous rendre le pauvre pêcheur de ROLLE. Une dépêche par courrier instruisit notre représentant de ce puissant renfort ; et plein d'espoir il se rendit chez Cambacérès pour lui annoncer l'incomparable présent que Genève envoyait *au plus digne.* — Invitations faites aussitôt, pour le lundi suivant, aux quarante notabilités de la capitale. Le dimanche, au milieu de la nuit, arriva le fameux charriot que l'on conduisit immédiatement à sa destination. Ce fut acte de prudence, car pendant le jour sa vue aurait certainement occasionné un attroupement dans les rues de Paris; et il n'y avait alors qu'un pas d'un attroupement à une émeute!

A son petit lever le consul descendit à son office, où il contempla, pendant plusieurs minutes, les deux monstres étendus sur une table de marbre, et qui respiraient encore, grâce au zèle intéressé de leur conducteur. Manquant d'eau à Joigny il avait su prolonger leur agonie, en substituant l'eau de l'Yonne à celle du lac de Genève; car il est bon de vous dire que ce pauvre diable était obligé de les livrer *vivantes* pour gagner une gratification de cinq cents francs. Cambacérès était seul avec son maître d'hôtel, le célèbre Baptiste... Tous deux contemplaient en silence... ils étaient muets d'admiration! Enfin, après les avoir retournées... puis retournées encore...

— Eh bien! Baptiste, que ferons-nous de ça, hein?

— Ah! Monsieur, la demande est facile, mais la réponse ne l'est guère... Puisque votre excellence a la bonté de m'interroger familièrement, je puis entrer dans quelques détails qui l'intéresseront, j'en suis sûr, dans une circonstance aussi grave... Depuis deux jours je suis à me casser la tête, je cherche, j'invente; j'ai lu tout ce qui a été écrit sur ce sujet, tout est commun, rebattu... et rien qui puisse me tirer d'embarras; aucun moyen pour servir *entières*, dans un même dîner, deux truites pareilles! Car le prodigieux n'est pas d'en posséder une de ce volume, en dix ans ça peut se trouver; le prodigieux c'est d'en posséder deux... deux du même coup de filet; ce miraculeux hasard ne se renouvellera peut-être jamais ! Je le sens, il faudrait ici quelque chose de neuf... de *saisissant* ; je ne trouve rien... Ah ! Monsieur, je suis déshonoré !

Pendant cette complainte qui partait du cœur, l'accent de Baptiste ne le prouvait que trop, la figure souriante de Cambacérès se rembrunit insensiblement.

— Que faire pourtant, reprit Baptiste ? Tout Paris sait maintenant quel superbe cadeau votre excellence a reçu ; ainsi il faut qu'elles paraissent... Mais comment ? En *bouts de table, relevés de soupe ?* Oui, c'est ce qu'on ferait chez M. Bonaparte, avec son malheureux *apprenti* qui ne sait seulement pas composer un dessert ! Ou bien, s'il est impossible de les servir en *pendant* sans perdre sa réputation, trouvez donc, oui, trouvez un turbot... des homards... qu'on puisse placer *en regard* sans faire rire !

Et l'infortuné laissa retomber lourdement son front dans sa main. Cambacérès était consterné ; ceux qui l'ont connu, comme moi, vous diront que ce moment dut être cruel pour lui. Il ne pouvait trouver un seul mot d'encouragement propre à relever le moral abattu de son maître d'hôtel. — Un silence pénible durait déjà depuis quelques minutes... *J'ai trouvé ! j'ai trouvé !* s'écria tout-à-coup Baptiste en lançant un regard radieux sur les deux victimes qui rendaient le dernier soupir ; et sans s'inquiéter du consul, ni de tous les consuls du monde, il s'élança hors de l'office !...

Avez-vous trouvé, nous dit, en riant, le malin docteur ?

Pas du tout, lui fut-il répondu, comme par une seule voix.

Eh bien ! Combacérès ne fut pas plus avancé que vous ; ni prières, ni menaces, rien ne put arracher le secret de son fidèle serviteur.

C'était un beau spectacle que la grande salle à manger du second consul, le lendemain à six heures. Trois lustres de cinquante bougies éclairaient une magnifique vaisselle en vermeil, dont M. Bautte n'aurait pas renié le moindre morceau; et autour de ce couvert, dont les yeux ne pouvaient longtemps supporter l'éclat, tout ce que Paris possédait de plus marquant!

Cambacérès était un peu soucieux; pour la première fois il doutait du génie de Baptiste. A sa droite, Lebrun, troisième consul; en face de lui, un petit homme au front sévère, au regard *plein d'éclairs:* il semblait étouffer... dans cette salle étroite, il y avait deux consuls de trop! C'était le vainqueur de Marengo qui venait d'éclipser, en Italie, ses lauriers d'Egypte, après avoir fait franchir à l'artillerie française ces montagnes redoutables, au milieu desquelles Annibal avait cru vaincre la nature par le passage de quelques mulets! — Plus loin, Barras, premier protecteur du jeune héros; l'abbé Sieyès, l'ex-directeur, qui s'était aperçu, trop tard, qu'au 18 brumaire il avait joué le *rôle de Raton*; puis Talleyrand, Rœderer, Volney dont les plumes habiles venaient de prêter un puissant secours à ce dénouement de la grande révolution. Rœderer surtout l'avait préparé de loin par la direction qu'il sut faire prendre au *Journal de Paris*. Eh bien! mes jeunes amis, je ne vous fais pas ici un cours d'histoire; mais, si j'en crois mes souvenirs, au milieu de tous ces enfants de la liberté, il n'y avait qu'un *seul républicain:* c'était Carnot! Tous les autres n'attendaient que le signal pour se ruer sur leur mère et l'asservir!

Un instant de silence succéda à cette réflexion du vieux républicain genevois; puis il reprit :

Mais chassons bien vite ces idées graves que l'évocation de tant d'ombres illustres m'a inspirées mal à propos, et revenons à notre festin qui commençait sous de joyeux auspices. Après le potage, un officier de bouche enleva la magnifique soupière qui occupait le milieu de la table; et un autre mit à sa place une de nos truites, qui excita une exclamation générale... les termes admiratifs manquaient! Couchée dans un grand plat de porcelaine de Sèvres, elle paraissait endormie sur une nappe damassée... mais elle était seule! Cambacérès pâlit... Lorsqu'elle eut été suffisamment contemplée, l'impassible Baptiste la fit relever pour la livrer à l'écuyer tranchant.

Tout-à-coup un cri d'effroi s'échappa en même temps de cinquante poitrines! Le maladroit, en se retournant, s'était pris le pied dans un barreau de chaise et gisait sur le parquet avec la belle truite en mille morceaux! Oh si vous eussiez vu la consternation peinte sur toutes ces figures menacées du supplice de Tantale ! Cambacérès, saisi d'un tremblement nerveux, se retourna vers Baptiste.

—Servez l'autre, s'écria le maître d'hôtel dans l'ivresse du triomphe !...

La porte de l'office s'ouvrit à deux battants; et cette fois l'écuyer tranchant lui-même portait, sur un immense plat d'argent, la seconde truite *qui ne devait pas tomber*, et qui était la plus grosse des deux !...

Au milieu de cette imposante réunion, il n'y eut plus qu'un grand homme, ce fut Baptiste !

SAVOIE.

La grotte des Échelles.—Gadin.—L'abbaye de Hautecombe.

.... En quittant la Grande-Chartreuse, nous retrouvâmes avec plaisir notre voiture à Saint-Laurent-du-Pont; car nous avions mis la veille nos jarrets à une rude épreuve. Nous aperçumes bientôt le village des Echelles. C'est un gros bourg divisé par le Guiers en deux parties, dont l'une appartient à la France et l'autre au roi de Sardaigne.—Au bout du pont nous vîmes apparaître les figures sinistres de deux douaniers sardes qui s'apprêtaient à bouleverser tous nos bagages, et voulurent grimacer une espèce de sourire à la vue du *laissez-passer* signé par le gouverneur de Chambéry, et que nous devions à nos deux aimables Cicérones Louis G.... et Gustave de M....... Je saisis cette occasion pour les remercier encore de la grâce parfaite qu'ils savaient mettre à nous faire les honneurs de leur pays.

En sortant des ÉCHELLES, la route présente deux directions; celle de gauche conduit à Lyon par le défilé de CHAILLES et PONT-BEAUVOISIN; celle de droite mène à Chambéry par la célèbre grotte des ÉCHELLES dont nous apercevions, au milieu de la montagne, l'ouverture cintrée à trois ou quatre cents mètres d'élévation; elle la traverse de part en part. La rampe au moyen de laquelle on y parvient, depuis le village, est tantôt taillée dans le roc, tantôt soutenue par des remblais immenses ; et si le voyageur ne savait d'avance que la grande route d'Italie passe par cette ouverture qui paraît faite avec un emporte-pièce au centre d'une montagne inaccessible, sans contredit il n'essaierait pas de la gravir, et se croirait au bout du monde!

Ce tunnel est bien antérieur à tous ceux nécessités en Angleterre par la confection des chemins de fer. On le doit au puissant génie de Napoléon, qui a voulu semer toute sa route de conquérant de monuments impérissables comme son nom! Les superbes routes du Mont-Cenis et du Simplon sont des pages *vivantes* de son histoire que la calomnie ne parviendra jamais à ternir, et qui surpassent de beaucoup les grandes voies romaines. — La grotte ou galerie des Échelles a trois cent huit mètres de long, les voitures peuvent s'y croiser partout aisément, ce qui nécessite pour la voûte une hauteur de plus de sept mètres au sommet du cintre ; la montagne au-dessus de la galerie a encore une élévation de cent quatre-vingt-quatre mètres. Les désastres de 1813 et 1814 ne permirent pas à Napoléon d'achever la rampe du côté des Échelles ; elle a été continuée sous Victor-Emmanuel, après la restauration.

Je n'ai pas besoin de vous dire que la fatigue ne nous empêcha pas de franchir tous les quatre ce passage à pied, à la grande satisfaction de nos deux chevaux qui eurent encore assez de mal à hisser notre équipage au sommet. Si l'on est étonné en sortant du village des Échelles d'apercevoir des voitures comme suspendues aux flancs de la Montagne, un tout autre aspect charme le touriste qui entre dans la grotte par l'autre extrémité, c'est-à-dire en venant de Chambéry. Lorsqu'il sort de la galerie, les vallées fertiles et riantes de la France se déploient tout d'un coup sous ses pieds et produisent le saisissement d'un *changement de décoration à vue*, dont l'émotion est proportionnée au grand théâtre de la nature, car pendant une heure, avant d'arriver à la grotte, du côté de Chambéry, la route fait une multitude de circonvolutions au milieu de rochers arides et de bruyères sauvages, qui ne sont animés de loin en loin que par la présence de quelques chèvres. De pareilles surprises vous expliqueront pourquoi, mode à part, le goût des voyages est aussi général de nos jours ; quant à moi je ne crois pas possible de dépenser plus agréablement son argent et sa santé ; et c'est vraiment dommage qu'il faille autant de l'un et de l'autre!

Si vous ne craignez pas une digression historique, je crois être à même de vous donner ici des renseignements exacts que vous ne trouverez pas partout ; je les dois à la complaisance d'un jeune historien de Chambéry. — Jusqu'au milieu du XVIIe siècle le passage de cette montagne avait lieu par une espèce de caverne formée par les crues périodiques d'un torrent ; l'une des ouvertures semble avoir été élargie avec des instruments, dans un temps antérieur à l'invention de la poudre. Cette excavation traverse la montagne et aboutit du côté du midi sur une élévation de près de trente-trois mètres au-dessus du sol, d'où l'on ne pouvait descendre que par des *échelles*, dont l'intérieur de la caverne devait être aussi pourvu, à cause d'une inégalité profonde qui s'y trouve. Vous connaissez maintenant l'origine du nom du village que nous venons de traverser ; et vous voyez qu'il y a deux cents ans les ingénieurs savoyards ne sortaient pas de l'école polytechnique.

Vers l'an 1664, Charles-Emmanuel II (1),

---

(1) Ce fut le quatorzième et dernier duc de Savoie ; son successeur, Victor-Amédée II, commença la série des rois de Sardaigne.

remarquable par son activité, son goût pour les arts, et par les améliorations nombreuses qu'il fit dans ses états, voulant faciliter les relations commerciales entre la Savoie et la France, fit ouvrir une nouvelle route à côté de cette caverne. Il ne paraît point que les rochers y aient été coupés dans toute leur élévation comme l'ont cru quelques historiens; cette échancrure dénote encore un ancien passage des eaux; mais on dut faire sauter des quartiers de rocs énormes et combler des excavations profondes pour percer cet étroit défilé terminé en 1670. Malgré les beautés sauvages de cette route, et l'immense avantage qu'elle avait sur la première d'être praticable pour les voitures, elle présentait encore de nombreux dangers: sa pente trop rapide, et le verglas causé dans l'hiver par les filets d'eau qui dégouttent sans cesse des rochers qui la dominent, y rendaient les accidents fréquents à cette époque. Aussi est-elle en très mauvais état aujourd'hui ; depuis le percement de la belle galerie Napoléon, elle n'est plus fréquentée que par les paysans des environs ou par les curieux.

Au mois de janvier 1814, la grotte des Échelles vit renouveler l'héroïque défense des Thermopyles. La fortune, honteuse sans doute de la constance de ses faveurs pour un simple mortel, s'efforçait en vain d'effacer l'éclat de nos victoires par la grandeur de nos désastres! Les nobles débris de la grande armée, incapables de résister à l'Europe entière qui se ruait sur nous, se repliaient lentement, défendant nos frontières pied à pied, un contre vingt... à la grotte ce fut un contre trois cents!
— Le 20 janvier 1814, un corps d'armée autrichienne, commandé par le général Zeichmester, s'empara de Chambéry; les nôtres, écrasés par le nombre, furent obligés d'abandonner nos conquêtes et de

rentrer en France pour couvrir Lyon et Grenoble. Les deux routes, qui conduisent à ces dernières villes, s'embranchent, comme vous l'avez vu, au village des É-CHELLES à un bon kilomètre de la galerie. La défense de ce défilé fut confiée à une compagnie de grenadiers décimée par les combats. Pour donner le temps à nos bataillons d'opérer leur mouvement de retraite, *quatre-vingts Français* devaient se défendre là contre une armée jusqu'à la dernière extrémité... telle était la consigne!

L'armée autrichienne attaqua avec acharnement l'entrée de la galerie que nos grenadiers avaient eu le temps de fortifier; vains efforts... un feu continu leur occasionna des pertes considérables. Zeichmester fit franchir pendant la nuit l'ancien chemin à deux régiments d'élite avec l'ordre de pénétrer par l'autre extrémité; car la galerie seule pouvait donner passage à son artillerie et aux bagages. Au point du jour le sergent du poste, qui gardait l'ouverture du côté des Écuelles fit prévenir son capitaine qu'il était tourné et pris entre deux feux. — Tant mieux, répondit ce brave avec une héroïque simplicité; *on étouffe ici au premier rang*, tout le monde veut y être! — Lieutenant, prenez quarante hommes et allez-moi culbuter ces b..... de mangeurs de choucroute! — Nos grognards avaient maintenant leurs coudées franches; la fusillade reprit avec une nouvelle fureur, elle se prolongea longtemps... Mais cette belle défense eut un terme, parce que leurs munitions n'étaient pas inépuisables; la dernière cartouche fut brûlée en versant des larmes de rage, puis il fallut capituler.

Jugez quelle fut la surprise du général autrichien qui croyait avoir affaire au moins à deux bataillons protégés d'ailleurs par une position inexpugnable, lorsqu'il vit fièrement défiler devant lui quarante vétérans blessés pour la plupart.... le reste avait vécu!.. Oh! gloire à leur mémoire! paix éternelle à leurs cendres! Cette mort fut sublime et sans amertume, car ceux-là n'eurent pas la douleur de voir le sol français souillé par des hordes étrangères! Pendant les fastes de l'empire, un aussi beau fait d'armes aurait été mis à l'ordre du jour de l'Europe; au milieu de nos désastres il a passé presqu'inaperçu... Vous n'en trouverez rien dans les pages si détaillées de Norvins; l'histoire avait tant à enregistrer au milieu des savantes manœuvres de l'immortelle campagne de France! Sur les lieux mêmes, je n'ai pu savoir le nom du brave commandant de nos Spartiates modernes! — A la guerre toutes les heures se comptent, et nos troupes surent si bien mettre à profit pour se rallier les deux jours que l'armée autrichienne perdit à cette attaque, que le 15 février la grotte des Échelles fut reprise par le général Marchand.

Continuons notre voyage qui ne nous offrit rien de bien remarquable depuis ce défilé. Une lieue avant d'arriver à Chambéry, nous aperçumes, à cent pas, la cascade de Couz, vantée jusqu'à l'enthousiasme par J.-J. Rousseau dans ses Confessions. Probablement elle manquait d'eau lorsque je la vis, ou bien aux yeux de Jean-Jacques elle a toujours été embellie par la présence de la séduisante madame de Warens, car elle m'a paru bien au-dessous de ce qu'il en a dit. Selon moi, cette cascade ne peut être comparée à celle du Giesbach si gracieuse, et bien moins encore à l'immense chute de l'Aar à la Handeck dont vous n'avez peut-être pas oublié la description.

Nous nous arrêtâmes seulement quelques heures à Chambéry. Je ne vous parlerai plus de cette capitale, ni d'Aix-les-Bains où nous arrivâmes assez tard; lors de mon premier passage, je vous les ai déjà fait connaître. Cependant ce que je n'ai pu vous dire, c'est qu'à une lieue et demie d'Aix, notre postillon nous fit remarquer, sur notre droite, au pied de la DENT DE NIVOLET, un malheureux village incendié dont les débris fumaient encore... il n'en restait pas dix maisons! J'ai oublié son nom; mais ce que je n'oublierai pas, c'est que notre premier peintre de marine, Gudin, qui était venu prendre les eaux pour une blessure à la jambe provenant d'une chute de cheval, mit en loterie sur-le-champ un de ces tableaux que les Anglais et les Russes achètent au poids de l'or. Cette souscription spontanée arracha en peu de jours, aux baigneurs, une somme considérable : pas un billet ne rapporta moins de vingt francs. Le comte Pozzo-di-Borgo envoya mille francs pour le sien; et en recevant les bénédictions des pauvres Savoyards pour un secours qui effaçait celui du roi de Sardaigne, notre artiste célèbre leur dit, que jamais tableau ne lui avait été si bien payé!!

Cette fois Gustave de M...... put nous loger tout à son aise ; la saison des eaux étant à peu près finie, il nous reçut dans sa longue maison qui est au coin de la place, et où les baigneurs trouvent chaque année trente appartements complets et meublés confortablement... Du reste, comme tous les propriétaires d'Aix, il est obligé de louer chaque logement assez cher pendant deux mois pour en payer douze. Passé juillet et août il vous donnerait le tout pour vingt-cinq louis.—Le lendemain matin à six heures sa calèche nous conduisit à l'embarcadère du lac du Bourget, par cette belle avenue de peupliers, promenade unique des baigneurs auxquels leur santé défend la fatigue. Un bateau, retenu par Louis G...., devait nous conduire chez lui en Chautagne, après avoir traversé le lac dans toute sa longueur; en passant nous devions visiter Hautecombe. Vous trouverez peut-être que depuis quelque temps je ne voyage plus en montagnard, le sac sur le dos; j'en conviens, et je vous répondrai : *Non erat hic locus*. J'apprécie tout autant qu'un autre une bonne voiture, et je trouve très agréable de courir la poste, lorsque le pays que l'on explore le permet.

L'abbaye de Hautecombe, fondée en 1125, est aujourd'hui la sépulture des rois de Sardaigne qui prodiguent l'or chaque année dans cette royale et dernière demeure, pour lutter contre la terrible égalité du néant ! Comme si sous les marbres sculptés, les pierreries et les dorures, tout ne se réduisait pas, quoiqu'on fasse, à six pieds de terre !! Du reste, esprit national à part, tout ceci me parut un peu mesquin en comparaison du magnifique vaisseau de notre église de Saint-Denis et de ses caveaux si imposants. La chapelle des douze apôtres et celle du maître autel sont richement décorées ; mais je consacrai beaucoup plus de temps à celle de la vierge. Vous trouverez là un groupe admirable du jeune sculpteur Cacciatori ; c'est une Descente de croix en marbre blanc. La vierge, puisant une force surnaturelle dans sa douleur, tient son fils couché sur ses genoux. Les poses sont si bien senties, si vraies, les souffrances de la divine mère se peignent sur ses traits défaillants avec une telle éloquence, que l'on ne peut douter du brillant avenir réservé au nouveau Prométhée qui a su dérober le feu sacré !..

L'abbaye de Hautecombe, bâtie presqu'en entier sur un rocher qui s'avance au milieu des eaux limpides du lac du Bourget, est située à la base du mont du Chat et n'offre d'accès facile qu'en bateau.

Nous trouvâmes chez Louis G.... cet accueil franc et cordial que l'on rencontre partout en Savoie, aussitôt qu'on est présenté par un habitant connu dans le pays ; nos voisins d'outre-Rhône n'ont pas notre étiquette empesée, et je les en félicite sincèrement. A la manière dont nous fûmes traités par tous, il me sembla que chacun avait pour devise : Les amis de nos amis sont nos amis ! Et tout cela simplement, sans luxe, sans ostentation, sans envie d'éclipser son voisin... J'ai entendu dire qu'il en était ainsi chez nos aïeux ! Vous pensez que toutes nos journées furent trop courtes ; mais avant de vous entretenir de l'une d'elles qui pourra vous offrir quelqu'intérêt, je dois vous dire deux mots de ce pays.

Le duché actuel de Savoie, joint au canton de Genève, composait, il y a trente ans, les deux départements français du Léman et du Mont-Blanc ; les traités de 1815 le réunirent à la Sardaigne, et depuis lors il subit tous les inconvénients d'une monarchie absolue, ouvertement dirigée par le parti-prêtre. Le roi actuel Charles-Albert gouverne sous l'influence du haut clergé; il a succédé à Charles-Félix en 1831.—Par un édit du 10 novembre 1818, Victor-Emmanuel divisa définitivement ce duché en huit provinces (1) qui renferment aujourd'hui cinq cent trente mille habitants; et j'ai assez séjourné dans ce pays en 1834 et 1836 pour vous affirmer, que sur ce nombre plus de quatre cent mille n'ont pas oublié qu'ils ont été Français et sont tout prêts à s'enrôler encore sous le glorieux drapeau qui conduisit nombre d'entr'eux à Austerlitz et à Wagram! Charles-Albert n'en est pas moins convaincu que moi; la moindre commotion politique chez nous a, sur-le-champ, son contre-coup de l'autre côté du Rhône; aussi a-t-

---

(1) Ces huit provinces sont celles de MAURIENNE; FAUCIGNY; TARENTAISE; SAVOIE PROPRE; GENEVOIS; CHABLAIS; HAUTE-SAVOIE; CAROUGE.

il senti bien des fois son trône trembler dans sa base depuis 1830. Il en résulte, en général, une grande méfiance de tout ce qui voyage avec un passe-port français et une rigoureuse sévérité dans tous les bureaux de douanes sardes. A très peu d'exceptions près, la Savoie repousse comme contagieux tous les ouvrages et tous les journaux imprimés en France ; la *Quotidienne* seule est assez pure pour être bien accueillie à Chambéry. Malheur à vous, si vous avez eu la maladresse d'envelopper vos bottes dans d'autres journaux, fussent-ils de six ans, fussent les *Débats conservateurs!* Tout sera saisi impitoyablement à la frontière ; et vous vous verrez réduit à renfoncer, dans votre malle bouleversée, vos bottes au milieu de vos chemises !

La Savoie possède grand nombre de mines fort riches ; la fameuse vallée de Chamouni et les eaux d'Aix sont aussi pour elle deux sources puissantes de prospérité. Et il est bien probable que sans les monceaux d'or que les touristes ou les malades vont y verser chaque année, et l'importance du transit de notre commerce avec l'Italie, le roi de Sardaigne interdirait aux Français l'entrée de ses états; car notre ex-département du Mont-Blanc se dresse sans cesse devant lui comme un cauchemar menaçant!!

La Chautagne. — Les grottes du Fier. — Le grand pêcheur.

La Chautagne, où j'ai passé quinze jours, est une partie de la Savoie propre, comprise entre le lac du Bourget, le Rhône, le torrent du Fier et le prolongement de la chaîne du mont Chambotte qui la sépare du Genevois. Cette étroite langue de terre, dont les deux tiers sont souvent envahis par les eaux du Rhône qui forme là d'immenses marais et un grand nombre d'îles, était encore inaccessible en voiture à la fin de 1836; et comme tant d'autres, je ne l'aurais pas visitée sans les liens d'amitié qui m'appelaient chez Louis G....; car dans une contrée si riche en scènes pittoresques, elle n'offre de très remarquable que les grottes du FIER, avec lesquelles je vais vous faire faire connaissance. En 1836 le gouvernement a fait commencer une route qui, partant d'Aix, taillée dans le roc le long du lac du Bourget, doit traverser la CHAUTAGNE dans toute son étendue jusqu'à Seyssel, petite ville renommée, à juste titre, pour son vin pétillant dont la mousse ne le cède qu'au Champagne. La CHAUTAGNE produit aussi des vins estimés, et l'on cultive la vigne avec beaucoup de succès aux environs de RUFFIEUX, son bourg principal, qui contient onze ou douze cents habitants.

La propriété de Louis est à un quart de lieue de ce village ; sa maison, située à mi-côte, est assise au milieu des meilleures vignes du pays, et plonge sur la belle vallée du Rhône qui précipite, à perte de vue, ses eaux rapides. Ce coup-d'œil est admirable, surtout au lever du soleil.

Au nombre des parties de plaisir que Louis avait eu l'amabilité de préparer en notre honneur, on nous annonçait, pour le vendredi, une pêche aux grottes du Fier, qui devait à la fois nous faire remonter tout le cours navigable de ce torrent, et nous mettre à même d'admirer les talents de M. B...., négociant de Seyssel, que sa passion pour la pêche, à laquelle il se livre avec désintéressement, a fait surnommer *le grand pêcheur* à plus de dix lieues à la ronde. Comme je vous l'ai dit, le Fier ferme la Chautagne du côté de Seyssel, et vient se jeter dans le Rhône, un peu au-dessous de Chateau-

Fort (1) à deux lieues de Ruffieux. Au jour dit, la jeunesse du voisinage se trouva réunie pour un déjeûner matinal chez Louis, et bientôt nous nous mîmes en route, les uns à pied, les autres à cheval, quelques-uns en voiture avec les solides provisions d'un dîner champêtre annoncé pour succéder à la pêche; les coffres contenaient force bouteilles de vieux vin transvasé et emballé avec un soin qui prouvait toute l'importance que les Savoyards attachent à cette branche si essentielle de la gastronomie. Les piétons portaient le fusil en bandoulière et étaient suivis de trois ou quatre chiens, parce

(1) Chateau-Fort est un gothique manoir féodal qui appartient à M. de Magny, consul du roi de Sardaigne à la résidence de Genève; du côté de Seyssel, son aspect sauvage et pittoresque est très remarquable. Dominant le cours du Fier, il paraît assis au sommet d'un rocher inaccessible comme l'aire d'un aigle.

que l'on projetait au retour, pour couronner la fête, une descente dans les îles giboyeuses du Rhône. Laissons donc gaiement parvenir au rendez-vous notre joyeuse caravane dont le doyen n'avait pas trente ans, et chemin faisant je vous dirai *du grand pêcheur* ce que j'en connaissais avant de l'avoir vu.

B..... est un homme supérieur dans son genre qui, depuis l'âge de quinze ans, a consacré sa fortune, sa vie et toutes ses facultés à une seule et unique passion, la pêche... sans pouvoir l'assouvir ! Il est vrai que la Providence a semblé le faire naître tout exprès sur les bords d'un fleuve immense qui, depuis Seyssel jusqu'au canal de Savière (1) parcourant une pente

(1) Ce canal, en réunissant le Rhône au lac du Bourget, établit la navigation entre Lyon et Chambéry. Louis m'écrit qu'une société de capitalistes a déjà commencé les travaux d'un chemin de fer qui réunira Chambéry au lac du Bourget, en suivant la

presqu'insensible, se divise en cinquante bras plus ou moins accidentés, plus ou moins dangereux pour le navigateur, et dont la totalité a quelquefois une demi-lieue de large.—Au sortir des bancs, entravé dans ses goûts militaires par la paix profonde qui succéda tout d'un coup à vingt ans de combats, il commença à délaisser le toit paternel pour s'égarer seul avec ses filets dans une mauvaise *barque plate* qui fut brisée dix fois sur les rochers pendant qu'il poursuivait sa proie avec acharnement, oubliant tout... cieux et terre ! Aussi devint-il, en peu d'années, un nageur de première force. Son père, riche négociant de Seyssel, fut bientôt obligé d'abandonner à lui-même cette espèce d'*être amphibie* ; il lui accorda une pension raisonnable pour que la nécessité ne

vallée de l'Aisse, et qu'elle promet pour le mois d'août un service régulier de bateaux à vapeur entre Lyon et Chambéry (Avril 1839).

le forçat pas à trafiquer du produit de sa pêche : aussi le donnait-il avec indifférence... Une fois dans sa barque le plus beau poisson du monde n'avait plus aucun prix à ses yeux ; que faire d'un ennemi vaincu ?

A vingt ans, pendant un voyage à Genève, il entendit parler d'un lord anglais établi depuis peu sur les bords du lac, et qui le sillonnait dans tous les sens, à l'aide d'un petit navire construit sous sa direction et d'une forme particulière... c'était Byron ! B..... manœuvra si bien qu'il finit par devenir le patron de ce bateau ; ce fut avec lui que Byron sonda le Léman en face des rochers de la MEILLERIE. Cette opération, tentée sans succès jusqu'alors, démontra que ce lac prétendu sans fond avait trois cent dix-sept mètres dans sa plus grande profondeur. Quand B..... eut dérobé au pair d'Angleterre toutes ses connaissances dans l'art nautique ; lorsqu'il fut sûr de pouvoir faire construire un *bateau à quille*, il osa vaincre son maître dans un défi de natation ; dès lors il dut quitter Diodati... L'orgueilleux Byron ne pouvait être le second nulle part !

Peu d'années après, la mort de son père lui permit d'employer toutes ses ressources à satisfaire son invincible penchant ; lui aussi put naviguer sur le Rhône dans un grand bateau bien gréé, et franchir les passages les plus étroits et les plus périlleux du Fier sur une miniature de barque *à quille* baptisée la Sylphide. De ce moment, tout son temps fut partagé entre le Rhône et le Fier ; la gent aquatique se vit poursuivie, traquée sans relâche jusque dans ses derniers retranchements. Comme le braconnier, qui n'a d'autre existence que son fusil, il connut toutes les remises, toutes les retraites où se réfugiait chaque espèce de poisson ; et en le prévenant deux jours d'avance, ses amis pouvaient hardiment fixer le poids du poisson qu'ils lui demandaient! Or, il avait promis à Louis une truite de quinze livres au moins; et sans approcher des *truites de Cambacérès*, c'est cependant un beau plat.

Je crois vous avoir dit que notre héros était négociant; le comptoir et la barque vous paraîtront peut-être difficiles à gouverner de front... Mais fort heureusement pour notre *grand pêcheur*, dans un moment *d'oisiveté*, en 1828, il avait eu le bon esprit de prendre dans ses filets une femme sage et raisonnable qui était venue augmenter sa fortune délabrée, et surtout prendre la haute direction de son commerce. La lune de miel fut courte; cependant on affirme que la *Sylphide* se trouva presqu'oubliée... pendant quinze jours!

Grâce aux chemins impraticables de la Chautagne, ceux qui étaient en voiture arrivèrent les derniers au rendez-vous sur l'esplanade de Chateau-Fort. Vu de ce côté, ce vieux manoir, qui devait être inexpugnable avant l'invention de la poudre, me parut déshonoré sous le rapport de l'architecture, par des travaux modernes. Nous descendîmes sur les bords du Fier par une pente rapide, chacun emportant son fardeau des provisions du dîner ; et après les avoir déposées dans une chaumière près du torrent, pour héler nos marins qui devaient être à l'œuvre depuis longtemps, nous poussâmes deux ou trois houras répétés sur dix tons différents par les échos des grottes... puis nous marchâmes dans la direction des voix qui nous répondirent, et au détour d'un immense rocher nous aperçûmes bientôt la gracieuse Sylphide qui, docile à la moindre impulsion, glissait rapide sur l'onde, laissant loin derrière elle un lourd bateau plat dont les trois bateliers pliés sur leurs avirons ne pouvaient suivre B..... Celui-ci ramait *debout* avec une aisance parfaite et semblait se jouer de leurs efforts.

— Vous arrivez bien tard, messieurs, nous dit-il en abordant ; le bon moment est déjà passé... et je ne crois plus au succès de notre pêche ; mais vous aurez toujours le plaisir de la promenade ; et les rochers, au milieu desquels le Fier creuse son lit depuis la création, méritent bien un déplacement. En vous attendant j'ai pris un plat de fretin que je vais faire porter à votre chalet pour le dîner ; les petits poissons sont les meilleurs en friture ; et au milieu de ce fretin je voyais se débattre truites et brochets d'un très beau volume, je vous jure.

Louis me fit placer dans la Sylphide avec lui et Gustave, c'était un vrai bijou, une jolie coquille aux formes élégantes, qui ne pouvait contenir que cinq personnes, et le batelier placé au gouvernail faisait le cinquième ; le reste de la bande s'élança dans le grand bateau, suivi des malheureux chiens que ces messieurs s'amusèrent à jeter vingt fois au milieu des tourbillons d'écume, sans qu'un seul voulût les quitter pour retourner au chalet où ils avaient cependant vu déposer les fusils.

Le Fier prend sa source au Mont-Charvin, dans la Haute-Savoie, et n'offre un volume d'eau considérable qu'après sa réunion au Chéran au-dessous de Rumilly. En parlant de torrents semblables, le professeur Playfair dit en employant une image pleine d'énergie : « Ces grandes scies de la nature, toujours en activité, séparent les montagnes ! » Nous pûmes vérifier toute l'exactitude de cette pensée ; car pendant trois heures de navigation, nous vîmes constamment à droite et à gauche des rochers de deux à trois cents mètres d'élévation, coupés à pic, tantôt présentant des excavations profondes remplies d'eau (la Sylphide pouvait à peine se glisser sous ces voûtes ténébreuses), tantôt se rapprochant tellement, que nous touchions de la main les parois latérales, et qu'en plein jour nous apercevions sur nos têtes, par cette étroite ruelle, les sombres reflets d'un ciel de nuit. Là, nous reconnaissions à dix mètres... vingt mètres... quarante mètres au-dessus de nous des traces incontestables du passage des eaux, qui avaient creusé dans le roc des veines plus ou moins profondes, suivant qu'elles avaient rencontré une couche de silex plus ou moins dure. Quand ce gigantesque travail a-t-il commencé? Je vous le dirai aussitôt que nos géologues voudront bien s'entendre sur l'âge du monde... Tout ce que je puis vous affirmer aujourd'hui, c'est qu'un torrent qui limerait chaque année seulement un pouce de rocher, réduirait à zéro, en six mille ans, une cascade de cinq cents pieds d'élévation! — Là en effet le torrent, comme étranglé, se précipitait avec une vélocité effrayante; la rame ne pouvait plus servir pour franchir ces défilés nautiques; nous étions obligés de pousser de toutes nos forces sur les murailles de granit que nous trouvions de chaque côté à bout de bras.

Quelquefois le lit du Fier s'élargissait en prenant la forme d'une grande ellipse au milieu de laquelle le torrent avait entassé, dans les crues d'eaux extraordinaires, des monceaux énormes de gros galets, de quartiers de roc, de débris de toute espèce qui, dans cette saison, forment des îlots sauvages déplacés chaque année. Le Fier se divise alors en plusieurs bras où l'on trouve, en certains endroits, à peine deux pieds d'eau, et nous fûmes souvent obligés de mettre pied à terre pour traîner les bateaux sur le galet. Ces vastes solitudes sont encaissées entre des rochers de deux à trois cents mètres d'élévation, comme tout ce que nous pûmes explorer du cours de ce torrent. Presqu'au sommet de ces montagnes de granit, on nous fit remarquer plusieurs murs dont la construction remonte au temps des Romains. Personne ne put m'expliquer leur usage ; je ne sais combien de révolutions a dû subir le terrain qui les environne ; toujours est-il qu'aujourd'hui ils sont complètement inaccessibles. Dans plusieurs endroits B..... nous fit admirer des échos merveilleux qui répètent chaque son plusieurs fois avec une pureté et une vibration surnaturelles. Mais laissons ces descriptions locales si difficiles à mettre à portée du lecteur *qui n'a pas vu*, et revenons à *notre grand pêcheur*.

Sa figure mâle et brunie par une exposition journalière aux rayons du soleil, dénotait une grande fermeté ; et plusieurs fois ses yeux s'animèrent jusqu'à la passion, lorsqu'un accident imprévu vint le surprendre au milieu de son air calme et maître de lui, qui n'était qu'un masque, une nature factice. Essentiellement impressionnable, l'énergie constante de cet homme pouvait de grandes choses, s'il eût consacré sa vie à un autre culte : pour cela il suffisait peut-être que son étoile le fit naitre vingt ans plus tôt ! Son costume, prenant à juste, faisait ressortir des formes un peu maigres mais musculeuses et bien proportionnées ; sa casquette, à visière relevée, était attachée sous le menton ; sa veste ronde, dessinant une taille vigoureusement découpée, était lacée par-devant pour éviter les boutons qui, s'accrochant dans son épervier, l'auraient souvent entrainé dans les flots. — Toujours debout à la poupe de la Sylphide, tantôt il ramait dans les passages difficiles ; tantôt, dans les endroits poissonneux, il faisait jaillir au loin l'écume en lançant un immense épervier qui paraissait connaître tous les secrets du torrent, et ne plongeait jamais en vain !

— Eh bien ! lui dit Louis, et la fameuse

truite? sa dernière heure est-elle venue?

— B. C'est la plus belle que je connaisse maintenant dans le FIER, mais je crains que nous ne puissions l'approcher aujourd'hui ; et vous savez pourtant qu'il y a longtemps que je vous la garde. La pêche exige le plus grand silence, comment donc voulez-vous réussir au milieu d'un pareil vacarme? (En ce moment les cris redoublaient derrière nous dans le bateau où nos amis se trouvaient en grande discussion avec la gent canine qui, épuisée de fatigue, s'efforçait de pénétrer, toute *ruisselante d'eau*, au milieu de pieds habitués à lui faire un meilleur accueil.) Entendez-vous?—Heureusement j'ai prévu cet inconvénient, et comme je connais les parages où elle se tient de préférence, je l'ai traquée avant votre arrivée et forcée de remonter beaucoup plus haut. Dans un quart-d'heure la grande barque ne pourra plus nous suivre, car nous arriverons à un endroit où les rochers sont tellement rapprochés que la Sylphide seule devra à sa taille élancée de pouvoir avancer encore. Dès-lors, je réclamerai un silence absolu.

—G. Accordé ; mais en attendant je demanderai à Louis ce qu'il trouve de si extraordinaire à votre épervier, dont il parle comme d'une merveille? Je place, moi, son plus grand mérite dans l'adresse de la main qui le manie.

—B. M. Louis a raison; vous verrez peut-être un épervier aussi large, mais vous n'en trouverez nulle part d'aussi long. Remarquez en outre que pour le faire plonger promptement dans les courants rapides, il est chargé de plombs qui doublent le poids ordinaire à cette sorte de filet ; et, veuillez m'en croire, une main, même habituée à ce genre d'exercice, ne pourrait manier aisément celui-ci de prime-abord.

—Peut-être, répondit Gustave, qui crut voir dans cette dernière phrase un défi porté à ses cinq pieds huit pouces et à ses épaules de cuirassier !

—L. Parbleu essaie... donne-nous un échantillon de ton talent.

—Pas ici, nous dit en riant le grand pêcheur qui me lança un regard très significatif, pas ici... l'eau est trop profonde.

—Qu'importe, répliqua Gustave avec humeur en s'élançant sur l'épervier.

—Il y a encore une autre raison pour avancer promptement nous dit B..... en faisant plier les avirons sous l'effort de ses bras nerveux, pendant que sa physionomie si mobile s'assombrissait visiblement. A la place où nous sommes, j'ai vu tuer, il y a treize ans, un batelier au gouvernail de ma barque. Ces rochers immenses, qui s'élèvent verticalement comme des murailles sorties de la main de l'homme, aboutissent ici dessus à un terrain incliné sur lequel les bergers laissent quelquefois errer leurs troupeaux. Si par malheur une chèvre, en s'avançant sur le bord de l'abîme, détache un galet gros comme le poing, celui-ci en entraîne bientôt un grand nombre qui forment sur le champ une véritable avalanche de cailloux; et malheur aux navigateurs du Fier atteints par cette décharge à mitraille; ils sont frappés à mort avant d'avoir rien entendu! Ce jour néfaste m'enleva mon bateau qui fut défoncé et le vieux pêcheur qui avait piloté mes débuts dans la carrière. Quant à moi, mon heure n'était pas venue; je pus m'échapper à la nage en me reposant souvent sur les îlots que vous avez vus plus bas.

Ce récit simple et funèbre ne fit naître chez aucun de nous l'envie de regarder en l'air; il nous porta au contraire à croiser machinalement les mains sur nos casquettes... Ce mouvement n'échappa point à

B..... qui rit de bon cœur de notre précaution préservatrice ! Aussitôt sortis de ce défilé dangereux, Gustave, dont l'amour-propre était engagé, saisit de nouveau l'épervier dont il tourna plusieurs fois le sommet autour de son poignet droit, et monta sur le dernier banc à la proue de la Sylphide, en convenant que ce filet pesait au moins deux fois le sien. Mais il n'y avait plus moyen de reculer, le grand bateau avait aperçu son mouvement, tous les yeux étaient fixés sur lui et les sarcasmes commençaient à pleuvoir comme grêle :

— Prends garde, Gustave... il ne suffit pas d'avoir les épaules larges pour badiner avec les armes d'Hercule ! — Il plongera — plongera pas — attachez-le par le pied... etc., etc.

Gustave, rouge de colère, balança deux fois son épervier en praticien du métier, et... disparut subito aux applaudissements frénétiques de l'arrière-garde, répétés semblables au bruit du tonnerre par les puissants échos du torrent !

Sait-il nager? demanda B..... prêt à s'élancer... Voyez plutôt, répondit Louis; et en effet Gustave, faisant contre mauvaise fortune bon cœur, s'amusait à exécuter plusieurs *passes* en montrant dans sa main droite l'extrémité du filet perfide qu'il n'avait pas voulu lâcher.

Bravo ! bravissimo !! Bis, Gustave, bis ! ne te décourage pas... c'est en forgeant qu'on devient...—Allez tous au diable, cria Gustave en remontant dans la Sylphide qui s'éloigna légère comme une hirondelle.

—Votre blouse vous a joué là un mauvais tour, dit B..... en lui donnant des vêtements qu'il emportait toujours pour changer en cas d'accident; j'en ai vu assez pour être sûr que vous savez manier un épervier ordinaire, moi-même je ne voudrais pas me charger de jeter celui-ci avec votre costume. Gustave accepta sans mot dire cette fiche de consolation.

Bientôt nous vîmes les montagnes se rapprocher tellement des deux côtés, que le Fier semblait s'échapper *au travers;* nous fîmes deux ou trois signes d'adieu à nos amis, qui ne savaient pas être arrivés à *leurs colonnes d'Hercule,* et la Sylphide se glissa entre les rochers dont elle rasait tous les contours arrondis par le cours incessant de l'onde. Enfin nous passâmes sous une voûte qui termine cet entonnoir, pour moi, unique dans son genre, et nous retrouvâmes le lit du torrent beaucoup plus large.

—B. Vous avez dû remarquer que le cours du Fier est généralement peu profond et tellement limpide, roulant toujours sur le roc vif, que l'on distingue souvent les gros poissons là où ses eaux ne bouillonnent pas avec trop de violence.

Or, je suis sûr d'avoir aperçu plusieurs fois notre truite ce matin, et je l'ai poursuivie jusqu'ici ; j'espère que vos bruyants ébats l'auront empêchée de redescendre. Dans ce cas, elle est perdue, nous dit le grand pêcheur dont la physionomie s'animait de plus en plus ; dans dix minutes nous le saurons, et personne n'aura remonté le Fier plus haut que vous !...

Il mit deux doigts sur sa bouche pour réclamer de nouveau le silence, et donna ses avirons au batelier en lui indiquant ce qu'il avait à faire. A son tour, le grand pêcheur monta sur le dernier banc de l'avant, après y avoir placé une natte de jonc pour le rendre moins glissant. De ce moment nous cessâmes d'exister pour lui... Tous ses nerfs tendus décélaient l'agitation du joueur dont la fortune tient à un coup de dés, ses yeux étincelants interrogeaient sans cesse la profondeur des eaux, et plongeaient dans les retraites les plus sombres pour faire parler le moindre bouillonnement. Tout-à-coup il retint son haleine, se dressa fièrement, et faisant décrire à son épervier un vaste demi-cercle, le développa tout entier sur une espèce de réservoir d'eau dormante.

— Il n'y a rien, dit-il avant de l'avoir *rassemblé*; si nous ne la trouvons pas dans une *remise* semblable un peu plus haut... la partie est manquée pour aujourd'hui.

Nous continuâmes donc à remonter; le lit du torrent se rétrécissait de nouveau ; déjà nous apercevions des obstacles totalement insurmontables, lorsque le grand pêcheur, qui avait ramassé pli à pli son lourd filet sur l'épaule gauche, fit un signe impérieux pour arrêter et le lança une seconde fois... Bientôt l'anxiété, qui commençait à rembrunir ses traits si expressifs, parut céder à un coup de baguette magique.—Elle est à nous, s'écria-t-il dans l'ivresse d'un succès qu'il avait cru près de lui échapper ; et sa joie était d'autant plus vive qu'un plus grand nombre de témoins pouvait rendre hommage à son habileté... elle est à nous !! Voyez, messieurs, ces gros bouillons qui se succèdent à la surface de l'eau, comme si un volcan souterrain allait mettre le Fier en ébullition ; certes ce n'est pas un petit poisson qui peut produire une agitation pareille... Attends, ma belle, attends, ne te meurtris pas trop... tu te débats en vain ! Et il jeta à nos pieds une truite magnifique en compagnie de quelques menus poissons qu'il repoussa dédaigneusement. Puis il reprit soudain sa physionomie froide et impassible ; l'ennemi était vaincu... et le moment de délire passé !

La Sylphide pivota sur son axe, et aussitôt que nous eûmes franchi de nouveau l'étroit défilé que vous connaissez, B..... posant la rame s'assit au gouvernail, car il suffisait maintenant de diriger notre nacelle au milieu des écueils, la rapidité seule du torrent devait nous faire descendre en une petite heure ce que nous avions remonté à grand'peine dans une matinée entière. — Nous aperçûmes bientôt, loin devant nous, le grand bateau dont l'équipage poussa des cris de joie à la vue de notre butin que nous élevâmes attaché au bout d'un aviron ; et pour répondre à notre salut en vrais marins, ils arborèrent, au haut d'une perche, une chemise qui sembla s'abandonner difficilement au souffle du vent. Ceci nous apprit qu'au milieu de toutes leurs folies, un de nos camarades avait sans doute rendu visite aux naïades du torrent, et fit grand plaisir à Gustave.

Dans ce moment, nous les vîmes entrer dans le bras de droite, presqu'asséché, pour éviter le *saut du* FIER qui se trouve à gauche dans le bras principal. Ce passage est appelé *saut*, parce qu'en effet l'on ne peut dire que ce soit une chute ou une cascade. Le bras principal du torrent se rétrécit insensiblement pendant l'espace de trois cents mètres, et aboutit à un *saut* d'environ un mètre de haut, qui n'est périlleux que par l'excessive rapidité du Fier à cette place, et parce que le courant se précipite *directement* sur la montagne de gauche coupée à pic à vingt pas du *saut*. Bien entendu qu'il est impossible de remonter par là.

—B. Eh bien! messieurs, vous sentez-vous d'humeur à affronter le *saut* du Fier, ou aimez-vous mieux prendre à droite comme vos amis? En disant ces mots, le grand pêcheur avait les yeux fixés sur moi, parce qu'il savait que Louis voulait me faire les honneurs de la journée.

—S. Ne changez rien à vos habitudes.

—B. Alors nous *sauterons*... Mais je dois vous prévenir que jamais ma nacelle n'a franchi ce mauvais pas chargée de plus de deux personnes.

— S. Plus on est de fous plus on... boit! Et en lâchant ma réplique un peu du bout des dents, j'examinai la physionomie du manœuvre (personnage muet), bien persuadé qu'un sot respect humain ne lui ferait pas affronter une mort certaine dans une partie de plaisir; il ne me parut pas trop effrayé.

— B. Va donc pour le *saut!* Du reste, je connais la solidité et l'excellente construction de ma Sylphide, j'espère donc qu'elle sortira triomphante de cette épreuve. (Nous sentions notre marche doubler, tripler de vitesse...) Quant à vos amis, je savais que leurs bateliers ne les conduiraient pour rien de ce côté; avec leur mauvais bateau ils étaient tous perdus.

Nous volions... Le grand pêcheur se leva tenant d'une main ferme le gouvernail *droit* et immobile; il fit signe au batelier de se déranger pour lui laisser apercevoir l'extrémité de la quille à l'avant, sur laquelle ses yeux restèrent constamment braqués. J'ai quelquefois monté des chevaux de course, mais ce n'est rien... nous fendions l'air avec la rapidité d'une flèche indienne... puis la barque parut se dérober sous nous et s'abîmer dans les flots... Au milieu du fracas de l'écume jaillissante, j'aperçus, sur ma tête, un rocher gigantesque contre lequel nous semblions lancés par une main invisible... puis je me retournai pour ne plus envisager cette hideuse montagne prête à nous broyer... et je vis B..... toujours debout. Il souriait en nous regardant; le rocher, le fracas, les tourbillons tout avait disparu comme la flamme d'un éclair... Etait-ce un rêve fantastique ?

— Que le diable confonde votre cataracte ! m'écriai-je en retrouvant mon haleine. J'avais une faim canine, et je ne vais plus pouvoir avaler une bouchée; j'ai encore votre maudit rocher sur l'estomac (Et je secouais ma main droite, dont les ongles étaient retroussés à force de serrer le bord de la nacelle).

—B. Allons, messieurs; pas trop mal pour une première fois; vous avez bien un peu changé de couleur... mais j'ai vu faire pis à des marins consommés.

—L. Parbleu, je le crois bien... un boulet de canon est tout plaisir en comparaison; au moins on ne le voit pas venir... d'ailleurs on agit, on se bat! Puis s'adressant à moi: ma foi, mon cher ami, je te remercie encore d'être venu me visiter de si loin; car j'avoue à ma honte que je vois les grottes du Fier pour la première fois, et j'en suis à deux lieues!!

—B. C'est toujours ainsi, un provincial, après un mois de séjour à Paris, le connaît souvent mieux qu'un parisien. Mais, messieurs, si vous n'avez pu vous défendre d'une frayeur bien naturelle en franchissant le *saut* avec deux hommes qui vous disaient l'avoir passé cent fois, figurez-vous l'émotion terrible de celui qui l'a descendu le *premier* entre tous! Eh bien! cet homme c'est moi! Avant d'arriver au chalet, j'ai le temps de vous raconter brièvement cet épisode de ma jeunesse... Je l'avoue, jamais mon cœur n'a battu aussi vite depuis!

C'était avant mes relations avec lord Byron qui m'a fait passer, sur les bords du Léman, les trois plus beaux mois de ma vie; j'avais dix-huit ans, et j'étais livré à toute la fougue, toute la folie de ma passion... Comment expliquer cette frénésie? comment vous la faire comprendre? Vous, monsieur Sosthène, j'ai entendu dire que vous venez d'explorer toutes les montagnes des environs de Chamouni; eh bien! avez-vous eu l'occasion de rencontrer un *véritable* chasseur de chamois? Lui avez-vous demandé ce qui l'entraine de précipices en précipices jusqu'à ce qu'il soit englouti? Il vous aurait répondu : Mon grand père est mort à la chasse, mon père y est mort; je suis persuadé que j'y mourrai... et pourtant si vous m'offriez de faire ma fortune à condition de renoncer à la chasse au chamois, je n'y renoncerais pas! — Moi aussi je sais bien que le Rhône finira par être mon tombeau.... mais qu'importe? Les dangers que je brave chaque jour, voilà ma justification ; ces alternatives d'espérance et de crainte; l'agitation, l'émotion continuelles que ces mouvements entretiennent dans l'ame excitent le chasseur et le pêcheur, comme elles égarent le joueur et produisent l'héroïsme chez le guerrier. Tenez, voyez un peu combien je me laisse entraîner aussitôt que je touche ce chapitre... revenons à mon aventure.

Un jour, de grand matin, je quittai Seyssel descendant le Rhône seul avec ma barque et mes filets. Nous étions à la fin de juin ; une réunion nombreuse devait célébrer au logis la fête de ma bonne mère ; et mon père, pour la première fois de sa vie, m'avait demandé de lui rapporter du poisson ! Il me restait encore deux jours ; vous concevez qu'il m'en fallait à tout prix et de beau ! J'explorai d'abord avec succès plusieurs bras du Rhône ; mais ne prenant rien d'assez remarquable j'entrai dans le Fier. Bientôt la chaleur devint lourde, étouffante ; le tonnerre grondait sourdement dans le lointain, et en vérité je fis une autre *pêche miraculeuse*, au moins pour la quantité. Ce n'était plus moi qui courais après le poisson, c'était lui qui m'assiégeait. Les chasseurs et les pêcheurs ont deux ou trois journées semblables dans leur vie, sans doute pour les dédommager de tant d'autres où ils ne voient rien ; bref je n'avais plus le temps de lancer l'épervier, et j'en fus bientôt las. A cette époque, je ne possédais pas encore l'incomparable Sylphide, je m'arrêtai donc là où vos amis n'ont pu passer ce matin ; et pour redescendre j'attachai à l'arrière de de mon bateau des *filets traînants* garnis d'appâts que je levais souvent, et où je voyais quelquefois arriver le poisson, grâce à l'extrême limpidité du torrent.

Je tombais de fatigue ; et mes paupières appesanties par une chaleur accablante se fermaient malgré moi, lorsque la vue de plusieurs belles truites qui suivaient de près mes appâts vint m'arracher à ma léthargie ; et quelle fut ma joie en distinguant, au milieu d'elles, un superbe LAVARET, poisson favori de ma mère, et le saumon des lacs de notre Savoie ; c'était le premier que je voyais de la journée ! Je n'osai plus remuer... respirer ; tantôt il paraissait prêt à entrer dans mes filets, puis il s'en éloignait avec méfiance... je le croyais disparu sans retour, puis il revenait plus affamé. Dix fois je fus sur le point de saisir mon épervier, mais le moindre mouvement pouvait l'éloigner à jamais ; déjà plusieurs truites étaient prises, je m'en occupais peu... je ne voyais plus que ce maudit lavaret !

Tout-à-coup je sens ma barque fuir avec une rapidité extraordinaire ; les rochers immenses qui bordent le FIER semblent courir vers sa source, un bourdonnement souterrain fait tinter mes oreilles. Je me retourne et je pousse un grand cri, un cri de terreur et d'agonie tout à la fois ! J'étais engagé dans l'étroit canal qui conduit au *saut*, et où qui que ce soit n'avait osé pénétrer jusqu'à ce jour ! M'élancer sur mes avirons, ramer avec fureur pour échapper à ce gouffre béant prêt à m'engloutir, ce fut l'affaire d'un instant. Hélas ! vains efforts ! Je pus à peine ralentir une minute la marche de mon bateau... une sueur froide ruisselait sur tous mes membres, et je pensai à me jeter à l'eau ; mais c'était me suicider ; de cette manière il n'y avait pas *une* chance possible de salut! J'en appelai donc à mon cœur d'homme et me levai résigné à mon sort.—Ma barque, abandonnée sans direction, commençait, tout en volant comme vous savez, à prendre un mouvement d'oscillation qui augmentait encore le danger... je voulus lutter jusqu'au bout; et saisissant le gouvernail je le maintins à angle droit sur la poupe. A dix pas de la chute je recommandai mon ame à Dieu, j'envoyai à ma pauvre mère un dernier baiser, ma dernière pensée... et j'attendis! Oh! vous savez le reste; que vous dirai-je après ce que vous venez d'éprouver? Sans lavaret, sans filets trainants, je revins brisé comme si l'on m'eût rompu chaque membre à vingt endroits!

Personne ne voulut croire que j'eusse descendu le *saut* du Fier; le fait étant réputé impossible par tous. Je fus donc obligé d'y retourner plusieurs fois escorté de nombreux témoins et de recommencer en leur présence cette périlleuse épreuve qui fut bientôt un jeu pour moi ; et les plus braves finirent par monter successivement dans mon bateau. Aujourd'hui, il n'est pas un batelier de Seyssel qui consentît à faire cent pas pour l'éviter pourvu que sa barque fût solidement construite et peu chargée. Je vous prie de croire qu'à la troisième *représentation* j'étais assez maître de moi pour observer jusqu'au moindre détail de cette chute ; voici ce qui arrive : au pied de cet immense rocher, dont le sommet surplombe le précipice, un tourbillon, produit par la violence des contre-courants, saisit tout à coup la barque au moment où elle va se briser et la rejette bien loin à droite au milieu du lit du torrent... dès-lors le péril est passé. Il suffit donc de gouverner constamment et directement sur le rocher même ; aussi je ne connais qu'un seul malheur arrivé à cette place ; mais il a plongé dans la consternation toute notre petite ville.

En 1833, un jeune homme de nos voisins qui avait franchi vingt fois cet écueil *seul* et avec moi, voulut profiter d'une belle journée pour faire connaître à sa jeune femme les grottes du Fier. Ils comptaient à peine quinze jours de mariage et trouvèrent sans doute qu'un batelier serait bien gênant... On les attendit avec anxiété le soir, puis toute la nuit... Le lendemain, au-dessous de la cataracte, on aperçut quelques débris sanglants épars çà et là!!— Que s'était-il passé? La jeune femme, perdant la tête à la vue de cet affreux rocher, se sera peut-être jetée subitement sur le gouvernail pour détourner la barque! Dieu seul connaît la cause de cet horrible drame!

Le grand pêcheur avait cessé de parler depuis longtemps et nous écoutions encore!... Les cris de nos camarades, débarqués un peu avant nous, vinrent nous annoncer qu'il fallait aussi mettre pied à terre ; la Sylphide était déjà pour moi une vieille connaissance, je ne pus m'en séparer sans émotion ! Le victorieux B..... se trouva enlevé spontanément et porté en triomphe à la place d'honneur. Le dîner était prêt ; dîner champêtre dressé sur l'herbe où les gros rires pouvaient éclater, le vin mousseux pétiller sans offenser le plafond ; et Dieu sait combien de bouchons sautèrent ! Vous tous, qui trouvez avec raison que l'on ne sait plus boire en France, faites-moi le plaisir d'aller en Savoie. Vous n'y verrez pas un seul de ces mesquins verres à patte que l'on devrait abandonner aux femmes pour leur servir de dé !... Le Savoyard boit le vin le plus généreux dans des gobelets qui tiennent un quart de litre ; il a les mélanges en horreur, et ne met jamais d'eau dans son vin, ne voulant pas réunir ce que le Créateur a éternellement séparé... Je me rappelle *confusément* avoir été excessivement Savoyard ce jour-là ; aussi je vous demanderai la permission de vous donner peu de détails sur notre retour ; tout ce que je sus le lendemain matin c'est que la chasse aux îles du Rhône n'avait pu terminer cette journée comme nous l'avions projeté, parce qu'il était trop tard, parce que... etc., etc.

La grosse truite était arrivée intacte ; elle fut le plus bel ornement d'un nombreux dîner le lendemain.

Lac de Brienz. — Cascade du Giessbach (1).

En lisant le titre de ce dernier chapitre, bon nombre de lecteurs, et ceux surtout qui ont parcouru la Suisse, me gratifieront peut-être de cette réflexion : Oh ! oh ! monsieur le Touriste, vous vous fourvoyez tant soit peu... le lac de Brienz et la casca-

(1) Tout ce chapitre est complètement inédit.

de du Giessbach ne font-ils plus partie de l'Oberland! Avez-vous donc oublié que la *tournée* de l'Oberland a été, par vous, qualifiée de *banale?* Descendrez-vous jusqu'à nous faire connaître quelques-uns de ces beaux sites que *tout le monde* a vus ou verra?—J'en conviens, l'épigramme doit paraître méritée au premier abord; mais voici mon excuse :

Avant de quitter Genève, M. Ledouble, libraire distingué de cette ville, et qui a parcouru toute la Suisse pied pour pied, m'avait donné, par écrit, des renseignements que l'on chercherait en vain dans les meilleurs MANUELS DU VOYAGEUR; ces renseignements m'ont été utiles dans une foule de PASSAGES, et particulièrement au Giessbach. J'ai interrogé tous ceux qui ont bien visité la Suisse, personne ne m'a dit avoir vu cette célèbre cascade la nuit, et à la lueur *d'un incendie de sapins;* et si le hasard faisait tomber cette brochure entre les mains d'un compatriote qui projetât une excursion dans les Alpes, je me reprocherais de ne pas avoir divulgué un *petit secret* plus connu probablement de jour en jour, et pour lequel ma franchise ne me permet pas de réclamer un *brevet d'invention*. Modeste copiste, je serai encore heureux si les pages suivantes avertissent *mes successeurs* qu'une nuit passée dans le chalet du RÉGENT KEURLI les fera jouir du plus magnifique spectacle que l'œil de l'homme puisse embrasser! — Indulgence donc : je la réclame, une dernière fois, pour ma prose et ces extraits décousus que j'ai cherché à *glaner* de ci, de là, afin d'offrir de tout un peu. Le lecteur voudra bien m'excuser de le faire sauter aussi brusquement de Suisse en Piémont, et de Savoie en Suisse... La plume à la main de pareils déplacements ne causent aucune fatigue ; quant à l'ennui... c'est une question qu'il ne m'appartient pas de résoudre : espérons néanmoins qu'il me sera beaucoup pardonné, parce que j'ai beaucoup supprimé, et revenons à notre sujet.

Brienz (canton de Berne) est un gros bourg assez bien situé à l'extrémité nord-est du lac du même nom, et doté d'une excellente auberge, comme tous les rendez-vous obligés des voyageurs pendant la belle saison. De l'autre côté du lac, et à quatre kilomètres environ, l'on aperçoit un filet d'argent qui descend du haut de la montagne en serpentant au milieu d'une forêt de sapins... c'est la cascade du Giessbach. — A l'arrivée de notre voiture, qui s'arrêta sur la petite place terminée, d'un côté, par cet hôtel, et de l'autre par l'embarcadère, le sommelier (1) s'avança avec empressement pour faire emporter notre léger bagage, et son excessive politesse

(1) Dans les auberges de la Suisse, on appelle ainsi le domestique qui remplit les fonctions de maître-d'hôtel.

me gêna tout d'abord, à cause de nos projets ultérieurs :

—Ne prenez pas tant de peine, lui dis-je, après un moment d'hésitation, nous ne coucherons pas chez vous.

—Mais, monsieur, il n'y a pas d'autre auberge convenable dans le village ; et à l'heure qu'il est, monsieur a bien juste le temps d'aller voir la cascade du Giessbach et de revenir avant la nuit.

—Aussi ne reviendrai-je pas.

—Comment! monsieur voudrait coucher au chalet? (Signe de tête affirmatif.) Oh! monsieur ne connaît sans doute pas cette malheureuse cabane..... Nous reverrons certainement monsieur avant huit heures ; ces dames seraient trop mal !

—Merci de vos bons avis, repris-je d'un ton sec pour terminer le dialogue ; dans les montagnes, ces dames ne sont pas plus difficiles que moi. Et je m'avançai aussitôt vers le patron d'un bateau pour traiter de notre passage au Giessbach.

Les conditions réglées, et au moment où l'on plaçait notre bagage dans la barque, le patron me prit à part mystérieusement, et m'expliqua en mauvais patois, mêlé d'allemand et de français, qu'il serait prudent de prendre un troisième marinier, parce que, depuis une heure, le vent était passé à l'ouest avec violence, et que le lac commençait à gronder sourdement. — Bon ! pensai-je, on espère m'effrayer pour nous garder à Brienz, et voilà un gaillard dont la leçon est bien faite. — Va pour le marinier de supplément, répondis-je; partons sans retard.

Le lac de Brienz est un modèle d'élégance et de pittoresque tout à la fois ; un riche encadrement de végétation lui forme une ceinture dans toute sa longueur, et repose agréablement le regard fatigué des rochers arides qui emprisonnent la plupart des lacs de la Suisse. Je n'ai vu nulle part une aussi grande variété de pins, mélèzes sapinettes... etc., reproduisant toutes les nuances du vert, et couvrant de leur épais ombrage le RHODODENDRON FERRUGINEUM ou Rose des Alpes, que l'on retrouve dans l'Oberland, jusqu'au pied des neiges éternelles! Ce lac, formé par l'Aar, qui le traverse avant de se jeter dans le lac de Thun, est un étroit bassin, large de quatre kilomètres au plus, et long de quatorze ou quinze : ouvert à l'est et à l'ouest, il est encaissé au nord et au midi par deux cordons de montagnes de moyenne hauteur, et sans lacunes. Sa surface est à cinq cent quatre-vingt-dix-sept mètres d'élévation au-dessus du niveau de l'Océan, ce qui n'a rien d'extraordinaire pour cette contrée; mais ce qui est plus étonnant, c'est l'immense profondeur de ce petit lac que Wyss évalue à plus de sept cents mètres : d'où il résulte que, malgré son élévation, le lit de ce lac est au-dessous du niveau de l'Océan ; nous croyons du reste que s'il existe ailleurs un lac plus profond, la mesure n'a pu en être prise scientifiquement ; car le chiffre de sept cents mètres nous paraît déjà dépasser le domaine du possible, dans la pratique exacte.

Tous ces renseignements, que j'ai connus depuis, feront comprendre facilement comment et pourquoi une tempête peut être plus dangereuse sur le lac de Brienz qu'en pleine mer. Quand le vent s'engouffre entre les deux chaînes de montagnes décrites plus haut, et soulève avec violence cette profonde masse d'eau : la lame, rompue sans cesse, ne peut se développer dans son étroite prison ; elle s'élève furieuse, pour retomber aussitôt sur elle-même, et brise ou renverse parfois les mauvaises barques plates de Brienz et d'Interlacken. — Fort heureusement nous n'eûmes à essuyer que le commencement de la bourrasque; mais deux ou trois *Ah! mon Dieu!* vivement articulés à l'arrière, me convainquirent bientôt qu'en réclamant un troisième marinier le patron avait plus agi dans mes intérêts que dans ceux de l'aubergiste de Brienz.—Le lecteur doit me connaître assez maintenant pour être bien convaincu que je ne cherche pas à faire du drame, et à me poser en *victime des éléments déchaînés*; mais, narrateur fidèle, je dois convenir ici que notre position était devenue réellement critique : la mienne l'était doublement; car est-il rien de plus affreux que de s'entendre sans cesse invoquer par des femmes, pour lesquelles on ne peut même plus exposer sa vie! Une rafale terrible emporta la moitié de notre voile, dont le reste fut abattu promptement, sous peine de chavirer; ce qui n'empêcha pas un second coup de vent de culbuter notre bateau, au point que l'eau entra abondamment par dessus le bord... l'émotion était à son comble sur le banc d'arrière! Quant à moi, je prenais pour baromètre la physionomie des mariniers qui, manœuvrant sur leur terrain, pouvaient mieux que personne en apprécier les périls ; cette physionomie était sérieuse plutôt qu'effrayée. Je profitai d'un petit moment de calme, et m'adressant au patron, après lui avoir montré ces dames du regard :

—Y a-t-il du danger?

Le butor, qui entendait à peine le français (1), ne comprit pas mon intention et resta court. — Une fois cette question posée, il me fallait une réponse ; je répétai donc avec impatience :

—Y a-t-il du danger?

(1) Presque tous les habitants de la vallée de Meyringen ou de Hasli ne comprennent que l'allemand ; pour passer le Grimsel, je n'ai pu trouver qu'un seul guide parlant le français.

—*Not yet!* (pas encore) répliqua l'un des mariniers.

—Qu'a-t-il répondu dans son baragouin d'allemand? me fut-il demandé de l'arrière.

—Ce n'est pas de l'allemand, c'est de l'anglais (Je cherchais à rompre les chiens).

—Mais enfin qu'a-t-il dit?

— Parbleu, il a dit qu'il n'y avait aucun danger, et que dans un quart-d'heure nous serions au Giessbach!

— Ah vraiment!... *Not yet* veut dire tout cela?

— Tout au long.

— Alors la langue anglaise est bien expressive!

— Je l'ai toujours entendu vanter comme telle, répliquai-je avec une tranquillité qui n'était qu'apparente. Et ce disant, je sautai sur un aviron, pour couper court à une discussion qui menaçait de ne pas tourner à mon avantage, et je me mis à ramer comme un nègre, car il devenait important de réaliser la dernière partie de ma traduction tant soit peu libre.

Not yet me trottait par la tête..... En effet, l'horizon se chargeait de plus en plus de sombres vapeurs reflétant sur les vagues une teinte livide, et des éclairs flamboyants commençaient à éclairer cette scène lugubre. Chaque coup de tonnerre lointain semblait nous crier en déchirant la nue : *pas encore...* mais ramez, ramez sans relâche, sauvez-vous ! C'est ce que nous fîmes heureusement, et silencieusement, à cela près de quelques soupirs, de quelques exclamations échappés dans un moment de crise, et que les plus braves de mes lectrices comprendront, j'en suis bien convaincu. — A l'instant où nous touchions enfin la terre promise, l'orage éclata dans toute sa fureur, et nous gratifia d'un véritable déluge ; mais rien ne put diminuer l'immense satisfaction que ces dames éprouvèrent à gravir la pente escarpée qui conduit au chalet du RÉGENT KEHRLI ; elles attaquaient le sol du pied, comme pour se venger sur un élément de toutes les terreurs de l'autre ; et, de temps en temps se retournaient avec joie pour railler l'impuissance des vagues du lac, dont l'écume se brisait à leurs pieds. Personne n'ignore combien le mal de mer et ses dangers les plus sérieux s'oublient promptement ; bientôt le péril passé ne fut plus qu'un mauvais songe !

La cascade du Giessbach est produite par un torrent qui prend sa source à la base du FAULHORN, et vient se précipiter dans le lac de Brienz, du sommet de la montagne qui le ferme au midi, après sept chutes successives, que l'on découvre toutes à la fois d'un petit mamelon situé en face de la plus considérable. L'habitude prise de mesurer la hauteur d'une cascade sur un jet continu, sans interruption de rocher, n'a pas fait classer celle du Giessbach au nombre des plus élevées; et, selon moi, c'est une erreur : car, en réalité, la hauteur des sept chutes du Giessbach dépasse peut-être celle du STAUBBACH qui se précipite de trois cent trente-deux mètres, et ces sept chutes ne font bien qu'une seule et même cascade, puisqu'on peut en embrasser les moindres détails d'un même point. — Les touristes de toutes les nations s'accordent pour proclamer la cascade du Giessbach *la plus jolie, la plus gracieuse* de la Suisse : c'est une longue et scintillante écharpe de gaze argentée, dont les moëlleux contours se dessinent irrégulièrement au milieu de la puissante végétation d'une magnifique forêt de sapins. Les terrains environnants appartiennent au régent Kehrli, instituteur et organiste de Brienz, qui a fait bâtir au sommet du mamelon, d'où l'on découvre toutes les beautés de la cascade, un vaste chalet (n'en déplaise à l'aubergiste de Brienz) où nous trouvâmes en abondance, malgré ses sinistres prédictions : laitage, jambon, miel délicieux... etc., et un accueil tout-à-fait patriarcal, qui vaut bien les prévenances *intéressées* d'un maître d'hôtel en habit noir. Quant aux lits, ils sont mauvais là, comme partout en Suisse, où les matelas ne sont généralement composés que de paille de maïs. Du reste, la fatigue de la journée combat toujours avec succès ce petit inconvénient.

Le régent Kehrli est aujourd'hui un vieillard à la figure vénérable et expressive, qui passe l'été au Giessbach avec ses troupeaux et sa nombreuse famille, trois beaux garçons et deux filles. Tous ont le sentiment musical très développé, et le vieil organiste a cultivé, avec succès, les belles voix prodiguées par la nature à ses enfants. Ils se font un plaisir de chanter *en partie* aussitôt que les voyageurs paraissent le désirer, et l'ensemble parfait de leurs accords doit laisser des souvenirs que nous ne craignons pas d'invoquer ici, près de tous ceux qui les ont entendus. — Après quelques instants de repos, nous passâmes dans une espèce de salon, où nous trouvâmes un piano passablement mauvais (il faut en convenir); mais nous n'en avions pas aperçu depuis quinze jours... Or, il y a une attraction magnétique, irrésistible entre cet instrument et *certains doigts* qu'il m'est défendu d'appeler par leur nom, et plus ou moins connus du lecteur, puisque ces pages sont destinées seulement à mes amis. En peu de minutes le piano fut essayé, accordé... les buffles des marteaux brossés pour leur rendre un peu de ce velouté qui leur manquait depuis quelque dix ans..... et bientôt le chalet retentit d'harmonieux accords, sans doute à la plus grande surprise du clavecin, s'il eût pu parler.

Ces accords produisirent sur-le-champ une sorte d'évocation; nous vimes apparaître successivement un enfant, puis un autre, puis un jeune homme, puis deux grandes filles.... puis enfin, le vieux Kehrli lui-même... Tout cela passant le seuil de la porte bien doucement, et se découvrant aussitôt respectueusement, comme pour dire: Salut, maitre, nous t'écoutons! — Vous savez qu'un orateur éloquent trouve souvent ses plus nobles inspirations dans la passion avec laquelle l'auditoire s'attache à sa parole : probablement il s'établit quelque rapport sympathique de ce genre entre *les doigts* en question et la famille Kehrli; car plus les physionomies franches et rustiques de nos montagnards s'animaient... se dilataient, plus la pianiste, dominant son mauvais instrument, savait le faire vibrer sous sa puissante et mélodieuse volonté! Le vieux

Kehrli surtout semblait électrisé; et ce fut les larmes dans les yeux qu'il remercia deux fois, au nom des siens. Ce petit succès de montagne est bien plus flatteur, selon moi, que les froids applaudissements de complaisance, accordés par habitude et politesse dans nos salons dorés; en le divulguant dans toute sa sincérité, ai-je été trop loin? J'espère que non... Mais le difficile sera maintenant de faire ma paix avec la modestie bien connue de la pianiste du Giessbach; car peut-être *lira-t-elle* mon indiscrétion la dernière; et si la querelle menace de devenir trop sérieuse, je ne me vois d'autre ressource que de lui répondre: *Not yet!* ce qui voudra dire cette fois: en apprenant à nos amis que vous savez *parfois* tirer parti d'un mauvais piano, je n'ai rien écrit de bien neuf!

La soirée s'avançait, et je vous laisse à penser si je fus bien accueilli, lorsque je parlai au père Kehrli de faire illuminer la cascade! Pour nous, on aurait mis le feu aux quatre coins de la montagne. A l'instant il donna l'ordre de tout tenir prêt pour neuf heures, et jusque-là nous lui demandâmes de nous faire entendre, à son tour, les chants de ses enfants que l'on nous avait vantés avec raison. Le bonhomme se fit un peu prier... Il n'osait plus, disait-il, mettre les doigts sur son piano; il ouvrit l'intérieur à plusieurs reprises, pour voir quel changement on avait pu faire au mécanisme; puis enfin convaincu, par quelques gammes, qu'on l'avait seulement accordé, et que l'amélioration apparente venait de la main du maître, il se décida à *donner le ton*, et nous écoutâmes avec un vrai plaisir plusieurs chœurs parfaitement chantés, entr'autres celui de Robin des Bois, *chauffé* par le vieil organiste qui tenait le piano. — La nuit était complètement tombée et fort sombre; il coupa court à des félicitations bien méritées sans contredit, en faisant placer ces dames à la fenêtre, après avoir envoyé ses deux fils ainés à leurs postes... Au bout de quelques minutes, il présenta à la fenêtre une lumière que le vent éteignit aussitôt : c'était le signal convenu !

Soudain, l'appartement où nous étions fut plongé dans l'obscurité ; mais à l'instant aussi tous les environs de la cascade s'enflammèrent comme par enchantement et plusieurs brasiers, composés de branches de sapins résineux artistement placés, lancèrent, sans discontinuer, d'immenses gerbes de flammes qui convertirent en lave brûlante les deux dernières chutes du torrent. — Le bruit strident du pétillement de l'incendie se mêlait d'une manière étrange au tonnerre continu de la cascade considérablement grossie par les pluies de l'après-midi ; un vent impétueux fouettait avec violence des tourbillons d'écume enveloppés dans des myriades d'étincelles...

en un mot, cet ouragan qui avait justement effrayé ces dames, favorisait sous tous rapports l'étonnant spectacle qui éblouissait nos yeux... Pour nous, plus de cascade, le prestige était complet, et bientôt nous crûmes contempler les sublimes horreurs d'une gigantesque éruption volcanique!! — Oh! oui, c'était un rêve fantastique, féérique... et surtout *satanique*; car, chose inexplicable pour nous, en ce moment, et que le lecteur comprendra bientôt, le foyer le plus considérable de l'incendie nous paraissait *au centre même* de la chute principale, où deux hommes, véritables suppôts de Belzébuth, attisaient avec de longues gaules un vaste bûcher composé de troncs de sapins tout entiers. Ces nouveaux cyclopes possédaient-ils donc un talisman qui leur permît de braver en même temps les deux éléments les plus opposés?... Cette magique illumination s'éteignit par degrés, et nous laissa sous le poids de sensations difficiles à décrire, mais qui ne peuvent s'oublier !

Pour moi, la nuit fut courte et agitée : — agitée au moral... Mon imagination, vivement frappée des périls du lac et du spectacle imposant qui leur avait succédé, assaillit sans relâche mon sommeil des cauchemars les plus fantasques... ma chambre était un océan bouleversé par la tempête, mais un océan de feu ! — agitée au physique et matériellement parlant,.. car la chute principale du Giessbach tombe d'assez haut pour imprimer un ébranlement souterrain au mamelon sur lequel est bâti le chalet de Kehrli, et comme ce chalet est construit en bois, cet ébranlement communique aux meubles et aux lits un mouvement régulier de percussion que l'on pourrait croire produit par le *tic-tac* d'un fort moulin. Aussi j'étais debout, bien avant le lever du soleil... Autour de moi, plus de traces des grandes scènes de la veille, tout était calme et serein, la brise ridait à peine la surface du lac de Brienz; et, sans le fracas de la cascade, j'aurais craint, en marchant, de troubler le sommeil de la nature.

J'examinai minutieusement tous les détails de la chute principale du Giessbach et je fus bientôt convaincu que *là seulement*, et par la structure particulière à cette cascade, on peut jouir du tableau, unique dans son genre, que j'ai essayé de décrire..! — 1° La dernière chute s'élance avec tant de force, qu'elle laisse un intervalle considérable, une espèce de galerie entr'elle et le rocher. Au milieu de cette galerie, j'aperçus un monceau de cendres noircies, qui m'expliqua la position de nos cyclopes; placés fort à leur aise en arrière de la chute, ils devaient en effet nous paraître *au centre* de la nappe d'eau, et le lecteur comprend maintenant comment il est possible d'illu-

miner *l'intérieur* de cette cascade. — 2°
Enfin le mamelon, en face duquel elle se
précipite, permet d'échelonner à différentes hauteurs, des brasiers de sapins qui
la prennent *entre deux feux*, et éclairent
cette belle nappe d'eau dans toute son
étendue.

Ce magnifique spectacle, cent fois au-dessus des plus beaux feux d'artifice nationaux ou royaux, tirés annuellement à
Paris, moyennant quarante et cinquante
mille francs, fut porté sur notre compte à
deux francs! Je craignis d'abord que
Kehrli ne voulût, par délicatesse, offrir
un plaisir en échange d'un autre; mais
son fils aîné, mis à la question, me répondit très naturellement que cette somme
était pour eux un *prix fait:* « deux francs
suffisent, ajouta-t-il, pour indemniser du
temps que nous passons à abattre et charrier les sapins... Chez nous, le bois n'a
pas d'autre valeur. »

Après avoir fait nos adieux à cette excellente famille, nous rejoignîmes notre bateau qui devait nous conduire à Interlacken ; et au moment où nous allions quitter le rivage, nous aperçûmes sur nos têtes le vieux régent entouré de tous ses enfants. Groupés sur un rocher surplombant le lac, ils nous chantèrent en partie le fameux RANZ DES VACHES, dont on ne peut saisir toute la poésie, si on ne l'a pas entendu le soir dans la montagne, répété par les échos lointains des Alpes !!—Très probablement ce dernier adieu musical s'adressait à la pianiste !

NOTE

Relative aux chiens du Grand Saint-Bernard.

C'est au commencement de 1841 que la partie de ce volume, qui traite du Grand Saint-Bernard a été publiée pour la première fois. Depuis lors, nous avons entendu dire que quelques personnes nous accusaient d'avoir exagéré la merveilleuse intelligence des chiens de l'hospice... Nous le répétons, notre récit est rigoureusement exact; et sans vouloir diminuer le mérite de ces chiens justement célèbres, nous croyons devoir donner ici une notice sur les chiens de Sibérie, qui prouvera combien leur sagacité dépasse encore celle des chiens du couvent.

Par ordre de l'empereur Alexandre, le lieutenant de marine russe, Ferdinand de Wrangel (1), partit

(1) Aujourd'hui contre-amiral.

de Saint-Pétersbourg, le 23 mars 1820, avec la mission de consacrer plusieurs années à reconnaître tous les bords de la mer Glaciale. Sous le titre de : Exploration des côtes nord-est de la Sibérie, le récit de cette périlleuse entreprise vient d'être publié en partie par une revue anglaise fort estimée (Foreign Quarterly review). C'est un extrait de ce récit que nous empruntons à l'auteur, parce qu'il nous a paru fort intéressant, et corroborer de point en point ce que nous avons écrit des chiens du Saint-Bernard. L'Arabe du désert prend quelquefois de son coursier chéri, des soins plus affecteux que de sa femme et de ses enfants; on lui cède souvent la meilleure place sous la tente.—Ce compagnon fidèle, cet ami dévoué, le Tartare de Sibérie le retrouve dans son chien... Mais laissons parler M. de Wrangel :

« . . . . Dans presque tous les pays de la terre le chien est le meilleur ami de l'homme; mais en Sibérie il ne serait presque pas possible d'exister sans le secours de cet inappréciable animal. Sur toutes les côtes de l'océan arctique, le chien est la seule bête de somme que l'on possède. On l'attèle au léger traîneau en narte qui porte un poids assez considérable, et dans lequel, pendant l'hiver, les habitants du pays font des voyages d'une longueur incroyable. Le chien de Sibérie a beaucoup de ressemblance avec le loup. Il a le museau long et pointu, les oreilles droites et la queue longue et touffue. Les uns ont le poil court, les autres, au contraire, la fourrure assez épaisse, et l'on en trouve de toutes les couleurs imaginables. Ils diffèrent aussi beaucoup par la taille; mais un chien n'est regardé comme propre au traîneau que s'il a une archine et deux wershok de haut et une archine et cinq wershok de long (sept cent quatre-vingt-dix-huit millimètres sur neuf cent trente-un millimètres). Leur aboiement ressemble au hurlement du loup. Ils restent toujours au grand air. En été ils creusent des trous dans la terre gelée pour s'y rafraîchir, et quelquefois ils passent la journée entière dans l'eau, pour échapper à la persécution des cousins. Pour se mettre à l'abri du froid intense de l'hiver, ils se roulent dans la neige et se cachent le museau dans leur queue touffue. — Quand une chienne met bas, on ne garde des petits que les mâles; les femelles sont jetées à l'eau, sauf une ou deux, dans chaque famille, que l'on garde pour perpétuer la race. On peut atteler un chien au traîneau à l'âge d'un an; mais ce n'est qu'à trois qu'on peut exiger de lui un travail forcé.

L'attelage d'un traîneau se compose ordinairement de douze chiens ; l'un d'eux est le conducteur, et c'est de l'éducation qu'il a reçue et de sa docilité que dépend la sûreté de tous les autres. Il ne faut jamais prendre un chien pour conducteur, à moins qu'il n'obéisse parfaitement à la voix de son maître, et que celui-ci ne soit bien assuré que la piste d'aucun gibier ne le fera dévier de sa route. Ce dernier point est de la plus haute importance ; car si le chien n'a pas été bien dressé, s'il se tourne brusquement vers la droite ou vers la gauche, les autres suivent à l'instant, le traîneau est renversé, et les chiens continuent à courir jusqu'à ce qu'un obstacle naturel se présente qui les arrête. En revanche un conducteur bien dressé ne se laisse jamais entraîner, et déploie le tact le plus merveilleux, quand il s'agit d'empêcher les autres chiens de céder à leur instinct naturel. Le voyageur, qui traverse l'immense TUNDRA (1) pendant la nuit la plus sombre, alors qu'une neige épaisse obscurcit encore l'atmosphère, doit souvent la vie à l'intelligence de

---

(1) En Sibérie on appelle TUNDRA d'immenses plaines de bruyères, ensevelies sous la neige pendant neuf mois de l'année.

son chien conducteur. *Pourvu que cet animal ait parcouru une seule fois déjà la même route, il ne manque jamais de reconnaître les endroits où il doit s'arrêter, quand même les cabanes seraient complètement ensevelies sous la neige.* Tout-à-coup il demeure immobile sur la surface unie, qu'aucun sentier ne coupe; tandis qu'en secouant la queue, il semble dire à son maître qu'il n'a qu'à prendre en main la pioche à neige pour trouver la porte de la cabane où il jouira d'un logement confortable pour la nuit. La pioche à neige est un outil sans lequel aucun voyageur n'oserait se mettre en route l'hiver.

« En été, le chien n'est pas moins utile à son maître. C'est lui qui, dans cette saison, hale le canot pour lui faire remonter le courant; et dans ce travail il déploie encore la même sagacité. Il s'arrête au premier signal; et si par hasard un rocher placé en travers du chemin l'empêche de passer, il se jette à l'eau, traverse la rivière à la nage, et continue sa route sur l'autre rive. En un mot, le chien est aussi indispensable au colon de la Sibérie que le renne apprivoisé l'est au Lapon. L'attachement mutuel du Sibérien et de son chien se mesure sur la dépendance réciproque où ils vivent l'un de l'autre. En voici un exemple remarquable : en 1821, une épizootie fit périr plusieurs milliers de chiens. Une famille Youkahire avait perdu son troupeau tout entier, composé de vingt chiens, et deux petits qui venaient de naître étaient tout ce qui lui restait. Les yeux de ces animaux n'étaient pas encore ouverts, et, privés des soins de leur mère, il ne paraissait pas possible de les conserver. Mais l'épouse du Youkahir désirant sauver les derniers débris de la fortune de son mari, résolut de faire partager aux petits chiens le lait qu'elle donnait à son propre enfant. Elle fut récompensée de son dévouement. Ses deux nourrissons profitèrent admirablement bien, et devinrent la souche d'une nouvelle race de chiens vigoureux...... »

TABLE.

TABLE DES MATIÈRES.

                                                Pages.

Avant-propos, ... 1

Le Touriste fashionable. — Alex. Dumas à Chamouni. — Voyage autour du Mont-Blanc, . . 1

Duché d'Aoste. — Le Grand Saint-Bernard, . . 55

Genève. — Villa de M. Bautte. — Les deux truites de Cambacérès, ... 105

SAVOIE. — Grotte des Échelles. — Gudin. — L'abbaye de Hautecombe, ... 143

Chautagne. — Grottes du Fier. — Le grand Pêcheur, 163

Lac de Brienz. — Cascade du Giessbach, . . . 205

Note relative aux chiens du Grand Saint-Bernard, 231

                    FIN.

www.ingramcontent.com/pod-product-compliance
Lightning Source LLC
Chambersburg PA
CBHW071900160426
43198CB00011B/1172